U0523835

等你在名校

——36位名校生指点迷津

许皓雪 编

中国言实出版社

图书在版编目（CIP）数据

等你在名校 / 许皓雪编 . -- 北京：中国言实出版社 , 2024. 12. -- ISBN 978-7-5171-5026-8

Ⅰ . I247.81

中国国家版本馆 CIP 数据核字第 20251AF562 号

等你在名校
—— 36 位名校生指点迷津

责任编辑：郭江妮
责任校对：王建玲

出版发行：中国言实出版社
地　　址：北京市朝阳区北苑路 180 号加利大厦 5 号楼 105 室
邮　　编：100101
编辑部：北京市海淀区花园北路 35 号院 9 号楼 302 室
邮　　编：100083
电　　话：010-64924853（总编室） 010-64924716（发行部）
网　　址：www.zgyscbs.cn　电子邮箱：zgyscbs@263.net

经　　销：新华书店
印　　刷：北京温林源印刷有限公司
版　　次：2025 年 1 月第 1 版　2025 年 1 月第 1 次印刷
规　　格：710 毫米 ×1000 毫米　1/32　9.25 印张
字　　数：154 千字

定　　价：58.00 元
书　　号：ISBN 978-7-5171-5026-8

目 录

第一编　励志篇

少年何妨苦中游，予我山长水阔时

每个人心中都有一个理想的大学殿堂。彼时的少年，做着五彩斑斓的梦，渴望有朝一日能踏入那片神圣的知识的沃土。少年不畏艰辛，一路披荆斩棘，终会在某日华丽破茧，幻化为蝶。梦想的力量无穷无尽，指引着我们乘风破浪，大步向前，而努力的意义也大概于此，它不仅垒了一条通往名校的道路，也给了少年掌握自己命运的底气。请相信：功不唐捐，诗和远方终会迎面而来。

风物长宜放眼量　　/3

给十年前的自己的一封信

　　——从倒数到北大：普通女孩的十年逆风翻盘　　/11

忆高三

——满怀希望，所向披靡　/19

生活的游戏关乎输赢吗？　/26

图南纪　/36

心火所在，得以成人　/43

逐梦无悔，心向远方　/51

道阻且长，行则将至　/60

第二编　方法篇

运筹帷幄，决胜千里

"工欲善其事，必先利其器。"要想取得好成绩，掌握正确的方法技巧是关键。从宏观角度看，应树立良好的心态和自信，制订切实可行的计划，合理安排时间，并善于积累和总结。从微观角度看，如何正确做笔记，背诵要分几步走，应该如何刷题，作文应该怎么写等，都应讲求一定的方式方法。而各个具体学科因学科性质不同，其学习方法也具有针对性和差异性。学习过程中，在向内探求的同时，也可以合理借助外部的力量。时间宝贵，只有掌握正确的方法，才可以提高学习效率，创造无限可能。

不啻微芒，造炬成阳　/69

乘风破浪，万里可期　/ 81

从笔间到心间：关于自我探索的成长之旅　/ 89

高考回忆录　/ 97

高中的你，是等待破壳的珍珠　/ 105

不忘来时路　步履愈从容　/ 113

行远自迩，岁月留痕　/ 121

路远，行至　/ 127

梦始春耕，梦圆秋馈　/ 133

墨染青春·无悔流年　/ 140

穷其道者，归处亦同　/ 149

一苇以航　/ 160

我在未来等你　/ 167

往前看，别回头　/ 174

我将带着你继续前行　/ 182

一个高考失败生在衡中重生的一年　/ 193

用"心"备战，抵达彼岸　/ 201

越努力越幸运　/ 208

在这场青春大考中做好"本我"　/ 214

自我预言，自我超越　/ 225

第三编　感悟篇

万千丝缕飘如诗，鲜衣怒马少年时

　　课桌是我们的堡垒，我们都曾叼回一根根羽毛温暖自己，也曾从这里一次次眺望远方。未来，你的触角将伸向天空和海洋，尽管会有彷徨与伤痛。无论快慢，只要走在自己选择的道路上，就是正确的方向。愿你我可以坚守初心，保持一份结结实实的爱与守候，也可以看见芸芸众生的喜乐悲苦，携初心上路，伴明月而行，探索更广阔的天地。

北上记

　　——危楼高百尺，手可摘星辰　　/ 237

成为自己，走向世界　　/ 242

静园别　　/ 247

涵养用敬，进学致知　　/ 252

"匹夫不可夺志也"　　/ 261

心之所向，梦之必达　　/ 266

寻梦者，追光人　　/ 273

我们的前方，是四面八方　　/ 281

第一编　励志篇

少年何妨苦中游，予我山长水阔时

每个人心中都有一个理想的大学殿堂。彼时的少年，做着五彩斑斓的梦，渴望有朝一日能踏入那片神圣的知识的沃土。少年不畏艰辛，一路披荆斩棘，终会在某日华丽破茧，幻化为蝶。梦想的力量无穷无尽，指引着我们乘风破浪，大步向前，而努力的意义也大概于此，它不仅垒了一条通往名校的道路，也给了少年掌握自己命运的底气。请相信：功不唐捐，诗和远方终会迎面而来。

风物长宜放眼量

◇ 尚馨蕊

此刻我在清华园里，回想起高中三年的学习生活，我想最值得铭记的便是坚韧。高中三年既需要韧性，也需要坚持，还需要坚强。进前而勿顾后，背黑暗而向光明。蜕变、祝愿、成长，既不思虑，也不彷徨，既不回顾，也不忧伤。不要羡慕别人，不要妄自菲薄，干好自己的事，走好自己的路，坚守自己的规矩和原则。登顶的路并不拥挤，大多数人都放弃了，愿你以自己的方式摸爬滚打，做坚持到底的那一个。

经历过高中的学生都会明白高中的苦和累，那是点灯熬油、奋力一搏的青春日子。无论多少年过去，哪怕早已记不起某个角的正弦值，不记得自己每天晚上睡几个小时，但回望起那三年，都会心生感慨，细数那段痛苦又快乐的时光。于我而言，痛苦是因为高考的压力和备考的疲惫，快乐则是因为回想起来才知那是少有的纯粹的日子……而对此时此刻正在高中的你，我想说，虽然这段日子必有痛苦、挫折和弯路，但是最终都会奔向铺满鲜花的人生大道。倾听再多别人的建议都不能让我们以完美主义的标准度过高中三年，唯有实在地摸爬滚打才能收获真实的成长。因此，大胆前行吧！

保持韧性，满怀热爱

《周易》中有一句话："天行健，君子以自强不息；地势坤，君子以厚德载物。"大意为天道运行刚强劲健，相应于此，君子处事，应像天一样，力求自我进步，刚毅坚卓，发奋图强，永不停息；大地的形势至宽至广，厚实和顺，君子应像大地一样以宽厚的德行容载万物。天道运转刚健有力，不因时因势而变动，学习应效仿之保持韧性，不被困难所打倒，不于诱惑中沉溺，不以物喜，不以己悲，行健不息。

保持韧性不同于完美主义，完美主义是一种追求事物完美无瑕的心理倾向，它源于对不完美的恐惧和对高标准的要求。完美主义者的信念系统通常源于成长环境中的过高要求、过度严格和过度评判，为了获得归属感和价值感，完美主义者常常付出更多的努力，追求"优越性",从而形成"优越情结"和"完美情结"。一个人具有韧性,则是代表他不仅有追求完满、追求美善的持久动力和持续努力,还代表他具有面对挫折、接受失败的勇气。具有韧性的人不会被完美主义的标准绑架,也不会被一时的挫折所打败,而是以坚定的内核去面对不确定性,并愿意以理想主义者的姿态去克服所面临的困难,以长期主义者的心态去继续付出努力。一时的考试失利,一时的状态不好,一阵的情绪波动,一段的成绩起伏,都不会对目标产生巨大的影响。

在高中的学习生活中,有所热爱可以让我们的高中时光更有意义,既可以是热爱宝贵的时光,也可以是热爱身边的友情,还可以是热爱某一门学科,热爱攻破难题的感觉,热爱生活或者简单地热爱自己。不必把热爱想得多么伟大,只要你充满激情地活着,你就有所热爱。这种热爱可以给你激情,让你做事高效,行动迅捷;更重要的是可以给你信念和精神支撑,青春总是充满迷茫的,有热爱的人也会彷徨,但他们会更坚定、更从容,不会遇到一点困难就自我质疑:我走的道路是对的吗?我的目标是不是太遥远了?我能行吗?热爱会带给你自信,让你走得更加从容,真正的从容就是明白自己想要什么。热爱不是三分钟热度,要有长久的坚持和过人的毅力。遇到一道难题要问自己:这种方法不行,不如换一种再试试吧？一次成绩滑坡，要告诉自己：坚持努力的付出，调整学习的方法方向，肯定会有回报。临近高考，状态不好，要告诉自己：再坚持坚持，登顶的路并不拥挤，大多数人都放弃了。

坚持不懈，行胜于言

在我的高中时代，有一句话时常萦绕于心，那就是"坚持不懈，行胜于言"。这不仅是一句简单的口号，而且是我在学习与成长过程中深刻领悟的道理。高中生活如同一场马拉松，充满了挑战与机遇，而坚持与行动正是我们走向成功的关键。

回想起高一的日子，面对新的学习环境、陌生的课程和繁重的作业，我一度感到迷茫与无助。许多同学在开学初便立下了豪言壮语，信誓旦旦要在高中阶段成为优秀的学霸。然而，时间飞逝，许多同学在面对繁重的学习压力后，逐渐放弃了最初的目标。他们的"言"变得空洞，而我则更坚定了自己的信念：只有通过坚持不懈的努力，才能实现自己的目标。

于是，我决定在学习上采取行动，而不仅仅是嘴上说说。首先，我为自己制订了一份详细的学习计划。每周末，我都会提前规划下周的学习任务，并设定每日的学习目标。比如，在复习数学时，我会选择一个章节，分成五个小部分，逐步攻克。这种方法让我清晰地看到自己的进步，同时也减少了学习的压力。每当我完成一个小目标时，成就感便油然而生，让我更加坚定地迈向下一个目标。

在学习之余，我也意识到要坚持锻炼，以保持身体的健康。在高中的压力下，很多同学的运动时间逐渐被学习占据，而我始终认为，身体的健康是学习的基础。我开始制订每周的运动计划，尽量保持每周三次的有氧运动。无论是清晨的慢跑，还是傍晚的打篮球，所有的坚持都让我在繁忙的学习之余找到了快乐。最开始的时候，慢跑对于我来说很不容易。短短几百米之后，我的腿部开始感到疲惫，气喘吁吁，心中不禁萌生了放弃的念头。然而，我告诉自己，"坚持不懈，行胜于言"。于是，我鼓励自己以较慢的速度继续前行，即使只是加一步，也要向前迈。这种坚持让我逐渐克服了最初的不适，甚至能在不知不觉中提高跑步的速度，增加耐力。在一个月后，清晨的跑步成了我日常生活中不可或缺的一部分，我的体能和精力也随之大幅提升。

当然，坚持并非易事。随着学习压力的加大，我也曾遭遇过疲惫和挫折。有时功课繁重，难免会感到运动时间的紧迫。但每当我犹豫时，总会想起当初的坚持与改变，提醒自己运动的重要性。于是，我通过调整学习与运动的安排，依然坚持锻炼。在遇到挫折时，我会告诉自己："只有行动，才能战胜困难。"

坚持从来不是一句口号，立 flag 容易，但是做到却实属不易。回想起来，所谓的"坚持"，是三年如一日的早起背书，"三点一线"的紧张学习，密密麻麻的课堂笔记，每次考试后的错题分析，情绪崩溃后重拾斗志的画面，固定时间的薄弱学科训练……回首高中生活的点点滴滴，"坚持不懈，行胜于言"的信念已深深植根于我的心中。无论是在学业上，还是在今后的生活中，我都会继续践行这一信念。因为我相信，成功不是一句口号，而是持之以恒的行动。

磨炼意志，自强不息

高中生活，犹如一条漫长而波澜起伏的河流，时而宁静，时而波涛汹涌。在学习和生活的挑战面前，我始终将"坚强意志，自强不息"作为我不断向前的动力之源。每当我回望那些艰辛岁月的一幕幕场景，心中满是感激。正是这些经历，丰富了我的人生，铸就了我坚韧的品格。在这段充满竞逐与挑战的旅程中，坚定的意志与不懈的努力，正是每一个追梦学子获取成功的必要条件。

　　回想起我高一的懵懂时光,当我怀着对未来的憧憬与期待初踏校园时,内心的期待与现实之间的反差令我倍感压力。新的学习环境、陌生的课程让我极其不适应,尤其是我一直以来有些畏惧的数学课,常常将我淹没在复杂的公式与抽象的概念之中。面对这样的挑战,困惑与挫败感犹如潮水般涌来,让我不禁动摇起了曾经坚定的初心。然而,我很快意识到,唯有坚忍的意志才能帮助我走出低谷。为达成心中的目标,我开始采取积极的行动。首先,我制订了一份详细的学习计划,合理安排每一堂课的复习和预习时间。每一堂课,我都专心听讲,认真记笔记。

　　然而,学习的道路总是跌宕起伏。在一次模拟考试中,我的成绩并未达到理想的预期,甚至比上一次还要下降。面对那张布满红字的试卷,我的心中不由得泛起失落与沮丧。我开始深入反思自己的学习方法,认真总结考试中的失误,决定在逆境中更坚定地前行。经历了一次次的挫折后,我渐渐明白：每一次的跌倒都是成长的机会。于是,我重新审视学习策略,把重心放在薄弱的专题内容上,每天都为自己安排一定量的数学题目进行专题突破。

　　这样的例子还有很多,比这更大的困难比比皆是,暴雨大雪的恶劣天气，酷暑闷热的教室环境，突发的新冠疫情，家里的意外事件，感冒发烧带来的病痛……如此种种都会成为学习路上的绊脚石，使我们学习的心思左右摇摆。但是我感谢曾经的自己富有韧性，十分坚强，没有被任何一种困难打倒，虽然也会在夜晚偷偷抹泪，会在教室外紧张地观望成绩，会因为胃痛而影响学习效率，但是没有一刻动摇我备战高考的决心。

最后，我想说的是，强调坚强意志并不是鼓吹一味地吃苦教育和成功至上，更不是要求为了高考而牺牲健康。磨炼意志和快乐、健康并不冲突，困难使我们成长为一个有坚强意志力的人，坚强的意志不论是对高中生涯还是对整个人生都是宝贵的品质。在坚持不懈的努力中我们可以追求自律的快乐，在挫折教育中我们可以成长为坚强的人，并非只有绩效主义的成功值得夸赞，人格的锻炼和精神的成长更值得纪念。

以坚强的意志面对所有的挑战，以坚持的姿态努力克服前进道路上的困难，以长期的韧性接纳不确定性，最终的结果一定不会辜负自己。"牢骚太盛防肠断，风物长宜放眼量。"高中只是一段成长经历，希望大家可以背黑暗而向光明，简单如初，保有热爱，坚持到底。

给十年前的自己的一封信
——从倒数到北大：普通女孩的十年逆风翻盘

◇ 高泽芸

嗨！小胖子：

我是来自十年后的24岁的你。也许14岁的你很难相信，十年后的你可以坐在北大最漂亮的教学楼里，给你写下这封信吧？不过，北大其实在这个时候就已经是一个你深深埋在心底的梦想了，不是吗？

我知道，14岁的你也许觉得这样的梦想实在是遥不可及，甚至说出来还会被别人笑话是痴人说梦——毕竟在刚刚结束的初三一模考试里，你的数学才考了班里倒数第五，就连你最擅长的英语也头一次考了班里的倒数；我知道你的同学会揶揄着说："要是我考得比她还差那才真算是完了！"我知道你下一次考试会抱着书包落寞地走向教室里最靠后的位置，而那一片位置都是老师们在这样紧要的关头即将放弃的学生。

我知道，这时候的你也许正在懊恼或绝望，也许觉得去年春天在北大校园里见到的一切——那庄严素雅的博雅塔，有着漂亮的歇山顶的教学楼，还有那泛着金色波光的未名湖，未名湖里一个猛子扎进水里又在另一片涟漪中央冒出来的小鸭子——一切的一切，似乎永远都只能被封存在梦里，成为心底不可为外人道的秘密。我也知道，你含着眼泪在日记本上一字一顿地写下了"北大，等着我"这样幼稚、倔强又像是赌气的话。

你知道吗？我写下这句话的时候，窗外下了一上午的秋雨停了，一缕阳光透过云层照下来，刚好照在眼前那红墙灰瓦，有着歇山顶和金色描画的教学楼上。这是你只有在梦里才敢变成小鸟飞过来短暂停留的地方，但是如今的我对这样的景色已经习以为常。

我在想，梦想的力量，真的有那么强大吗？《北京欢迎你》这首老歌最近重新火起来了，里面有一句歌词是"有梦想谁都了不起，有勇气就会有奇迹"——也许说得没错。有一个值得你为之付出一切的梦想，有一份天不怕地不怕的勇气，再加之夜以继日的努力和必胜的决心，怎么就不会有奇迹发生呢？我还记得，这个时候的你，第一次听说了如果在全区考前三名，就有机会被市里最好的五所高中录取。那时候班里的尖子生们争得热火朝天，纷纷把自己的目标定在这五所高中里。没有人注意到角落里，从来不会参与这些对话的你，偷偷写下了一张小纸条："我一定会考上南开中学"。

再回想起来这段岁月，我还是会为你感到骄傲。那张小纸条现在还贴在家里书桌旁边的墙上。小纸条的上方，是你每一科期望达到的分数——每一科都非常非常高，接近满分，是那时候的你从来没有得到过的高分——一次考试都没有，甚至一科成绩都没有。但是你知道，只有考到这种程度，才能更加接近你的梦想。妈妈担心你太好高骛远不切实际，安慰你能考上区一中就很好了，你只是像开玩笑一样地说："梦想不高能叫梦想吗，总要试试，万一实现了呢？"其实，这个"万一"，究竟有多大的可能性？你自己也不知道，就像老师们说的，升学考，就像是在没有光亮的屋子里摸着黑洗衣服，不到曙光到来的那一天，你永远不知道自己到底把衣服洗干净了没有。复习也是这样，资料都在手里，这些知识能有多大的转化率，只能看你自己。

后来，你已经数不清自己到底做了多少套题，做完这一本又做下一本，直到校门口书店里所有能买到的题都被你做了一遍。崭新的习题册被翻旧、贴上便签变成了厚厚一摞，之后又被你重新翻过一遍，重新整理错题、要点，厚厚的一摞又浓缩成了薄薄的一本笔记。每天晚上，夜深人静时，只有一只毛短短的小花狗卧在你的脚边陪伴着你。顺带一提，它现在已经成了一条很老的狗，毛长长的很漂亮，比小时候更爱睡觉，但是它还是像十年前一样，喜欢卧在你的脚边陪着你。我都已经记不清那时候的你到底是以怎样的决心坚持了下来，我只记得夜晚发白的灯光，小狗均匀的呼吸声，面前翻开的习题册和笔记本，还有一转头就能看到的，你的梦想。

再后来一切都过得很快。上考场的时候也没有你想象中那样激动的心情，甚至都不紧张，只有一种即将迎来结果的坦然。是啊，你已经为了那个梦想付出了一切，什么都不重要了，重要的是你没有辜负你自己。很多很多年之后，当我再次走上考研的考场，我突然就又想起了这时候的你。这个倔强的小女孩好像终于又一次成为我。我坐在考场上展开考卷，拿起笔，深呼吸的那一刻，好像这个胖乎乎的、声音细细小小但是眼中却总有着坚定的光芒的小女孩，也就是你，重新站到了我身边。

中考出分的那天，你比所有人都先知道成绩，你考了全区第二名。班主任、隔壁班班主任，那些曾经忽视你的老师，曾经鼓励你的老师，都来告诉你这个消息。你看着他们发过来的成绩，小心翼翼地比对着那贴在墙上的小纸条——一一实现了，这些你从来没有触碰过的成绩，每一科的分数都清晰地写在成绩单上。那些曾经嘲笑过你的同学还是会不服气地说："她凭什么？"——是啊，凭什么？就凭你忍辱负重，就凭你从来不会对自己失去信心，就凭你的梦想和勇气——就凭你有种。谁都不看好你，可是偏偏你最争气。很多年之后，还是会有老师回忆起你，向其他学生讲起你，说起那个总是默默无闻的小姑娘，靠着那永不服输的坚韧，硬是成了黑马，考进了市里排名第一的高中以及这个高中最好的班。

后来的故事却并不是一帆风顺。"北大"的梦想被你藏在笔袋里，藏在日记本的第一页，在高考之后又重新成为你不愿说出口的秘密。可是你不甘心。纵然现在的学校也是重点大学——南开大学，你依然是家人的骄傲，但你不甘心。可是不甘心又能怎样呢？你的学院已经连续好几年没有一个人考进北大了，就连你同年级那些有着你望尘莫及的成绩、常年坐在第一宝座的同学，也只是去了复旦大学。和十年前的你一样，还是没有人看好你。他们劝说着你不要给自己太大压力，北大也不是人人都能考的；他们说北大一年就只要十几个学生，考研不比高考有其他选项，没考上就只能下一年重新来过；他们说和你竞争的是全国这个领域里最优秀的学生，更何况也许他们已经考了两年、三年……他们说得都对，但有一点错了——你说：想考北大的学生，也许不一定是能力最强、最优秀的学生，但他们一定是一群胆大包天的人。他们敢于为常人之所不能为，敢于顶着所有人的冷嘲热讽，敢于为了一个几乎不可能实现的梦抛弃一切。

"梦想不高能叫梦想吗，总要试试，万一实现了呢？"

脑子里蓦然响起稚嫩的声音，我知道一定是你在召唤我。说来惭愧，那时候的我早已没有了当年你那样的勇气和胆识，我在想也许北大本来就不会属于我，我不如就这样平平淡淡、庸庸碌碌地了此一生。也许是你实在看不下去了吧，才突然出现，又把我那尘封的北大梦翻了出来，炸雷一般把我叫醒，暴风雨就要来了，但我好像突然充满了力量。这被唤醒的梦想，力量是如此强大，如同一股不可阻挡的热流贯透我的四肢百骸。我永远会记得那个下午，在我一字一顿地把"北京大学"写在纸条，贴在墙上的时候，我好像在透过很漫长的一段时光，与你对视。

我想你一定也会为我感到骄傲。

很多年没有人考上北大又怎么样？那我就去当这第一个；录取的人少又怎么样？既然每年都能有十几个人，那我为什么就不能是其中之一？竞争对手强大又怎么样？我也可以成为别人忌惮的强者；考不上就要重来一年？不，没有退路可言，必须一次考上。

"开弓没有回头箭,你要全力以赴。"我一次又一次默念着这句话,在学到深夜三点,累到崩溃大哭的时候;在身边一起准备考研的同学一个又一个退出的时候;在临近考试却发起高烧的时候。

那是你的梦想。那个一腔孤勇的小女孩把北大写进日记本的那一刻,北大梦就成了印刻在脑海的执念,或者说,是我一定要走过一遭的宿命。

十年前的你,第一次见到北大校园的时候,北大百花盛开。后来,我把北大的花海设置成了手机壁纸,上面写着"北大花开,待你归来"。复试那天,刚好又到了和你第一次见到北大时一样的春天。南门外的玉兰树长得比记忆里更高更大,玉兰花开得比壁纸上的还美还烂漫。我站在树下,在心里对你说:"看到了吗?你回来了。"

如今又到了一年开学季,见过了北大的一整个春夏秋冬,我已经可以熟练地穿梭在校园的各个角落,甚至还能装模作样地当起个"地头蛇",给家人朋友介绍北大的校园,对未名湖里的天鹅、鸭子、鸳鸯如数家珍。北大于我来说不再神秘、神圣,它不再是我心底一处高不可攀的神殿——它近在眼前、触手可及,已经与我融为一体。但我还是会时常回忆起这把北大奉为人生目标的十年,以及十年前那不知天高地厚却脚踏实地一步一步靠近繁星的你。

我永远为你感到骄傲。

十年后的你

忆高三
——满怀希望，所向披靡

◇ 仲 艺

再次回忆高三时光，脑海中的画面总是夹杂着水汽和热浪、染着早夏晚霞的斑斓颜色的，有一种轰轰烈烈的热血动漫感。仔细想想，这或许是记忆赐予青春的美好滤镜，抑或是拼搏与奋斗附加于环境之上的热烈温度。

事实上，我的高中坐落在东北三省中最靠北的黑龙江省，靠近传说中苦寒的宁古塔，一直到高考前的四五月份才有零零星星的春花开落，而此前高三的大半时光里，我都是在东北寒冷而漫长的冬天中度过的。从日常作息来看，每天五点起床之时，窗外还是漆黑一片，经过在雪地中一阵长途跋涉后到学校时天也顶多算蒙蒙亮，而到了下午四点，天又彻底黑下来了。那时候我们上完学校的晚自习是晚上十点钟，下了晚自习后我还要和几个同学一起去租的自习室里再上个"二晚",基本上到家时已经接近半夜十二点了,真正算得上是"披星戴月"。可是奇怪的是,那时候我是真的感觉不到疲惫,也没认为自己辛苦,有一股劲一直在推着我往前走,好像高三那段时光就是在提着一口"气"中"嗖"得一下就过来了。

当再来回忆高三的时候,我印象最深的就是那种不知疲倦、一往无前的心境。而这种心境,或者说是"心气",自从在高中时养成以来,一直支撑着我走向大学、研究生乃至工作岗位,让我不断接近理想中的自己。

一、屡战屡败与屡败屡战

高三的考试是数也数不过来的,"三天一小考,五天一大考"是一种理想化的说法,更多情况下是时时考、日日考。小到随堂测验、课后作业,会被收上去互评打分,大到周考、月考、一模、二模、三模以及学年联考,会排出学年和班级排名。可以说,距离高考的时间越近,考试的频率越高。这一方面是帮助大家保持考试的"手感",时刻处于备战刷题状态;另一方面也是帮助大家学会适应考试,不断调整心态,以迎接最后的大考。而后者对于高三的学生来说是尤为重要的,因为不停的考试意味着存在不断失败的可能性,有些同学会在失败中一蹶不振,而有些同学则在失败中不断成长。

当时的我也经常受到考试的捶打。其实到了高三这个阶段，学生的学习能力、学习状态和知识储备已经趋于稳定了：经过无数轮的复习、刷题、夯实基础和巩固拔高，考试中的必得分（大概占试卷总分的80%）已经不会丢了；经过老师每天的耳提面命和学生自身心智的不断成熟，学生学习的自觉性和责任感也不断增强。但我在整个高中阶段，成绩起伏最大的时期就是高三，经常会被一些所谓的"黑马"同学超越。比如我在一模中还是学年的第4名（班级第2），到了一周后的月考中就滑到了学年第47名（班级第22）。类似这样的"大败北"在高三前期时有发生，而这样剧烈的波动对于之前的我来说是不可想象的。

对于当时的我来说，最大的挑战不是知识上的冲刺，而是心理上的越野。这是自信心被摧毁后重新建立的过程，我是通过以下三个步骤实现的：第一步是承认自己存在差距。成绩的波动意味着对知识的掌握不够扎实到位——同样的知识点换一种形式出现就不会了。在这方面，一定不要给自己找理由或者借口，要认识到自己的差距才能在逆境中成长。第二步是允许自己暂时落后。暂时看淡成绩和排名，告诉自己"胜败乃兵家常事"，及时发现问题才能更好地积蓄力量，为真正的大考做好心理和身体上的双重准备。第三步是保持一种"不服输"

的激情，也就是前文所说的"提气"。我当时特别喜欢的体育运动员是马来西亚羽毛球运动员李宗伟，他和林丹算得上棋逢对手，但又总是棋差一着。退役前的几场比赛，李宗伟屡战屡败，但是他在接下来的每场比赛中都仍然投入百分之百的激情，那股冲劲和必胜的决心是始终没有变过的。如果说屡战屡败具有一定外部因素的偶然性，那么屡败屡战则是好胜心驱使下主观产生的必然选择。失败了又怎么样？继续勇往直前地冲刺就好了！只有把这口气提起来，相信自己，进而鞭策自己，才能在考山考海中拼出更多优胜的机会。

二、抬起手来就做

解决了心态这一高考中的"世界观"的问题，剩下的问题就是关乎"方法论"的了。高三看起来只有一学年，但实际上往往从高二下学期就已经进入"复习—刷题—考试"的循环中了，循环的时间越长，倦怠、惰性的心理越可能破茧而出。因此高三其实是一场持久战，怎么对抗自己的"偷懒本能"是一个长期的课题。

这里提到的"偷懒"有两个层面：一是身体懒，想睡觉、想走神、想放假等，都是非常正常的，但是一般来说容易克服，因为学校的规章制度和高三的日程安排已经帮忙摒弃掉这些外部干扰了；二是大脑懒，不想思考、不求甚解，只想做一些机械性的重复工作，比如抄抄笔记、抄抄错题、刷刷基础题，而对于有一定难度的题目就望而生畏，不愿意去费神钻研，敷衍一下草草了事。大脑懒的危害要更甚于身体懒，它会让人陷在容易得到满足的简单题的刷题快感中，轻而易举获得成就感，时间一长，对于重要的难题就算有心攻破却也无力了。

我在高三时的拖延症主要就是归咎于大脑懒。课堂作业也好、考试也好，我对待会的题目是"快刀斩乱麻"，一律快速解决，而一旦遇到难题、不会的题，就开始想要拖延了。比如数学题最后一道大题的最后一小问，比如历史题看起来四个选项都很有道理的陷阱选择题，比如地理题中花样又多、题干又绕的简答题……

这个时候，我的班主任兼地理老师点醒了我，她说："在你不知道该怎么办、想要拖延的时候，什么都不要想，抬起手来去做就好了。"这句话看似简单，但是非常有效，而我也是在毕业后偶然看书才知道，这是心理学中的一个重要原理：拖延症的症结在于对未知的恐惧，不知道该怎么做，所以选择不做。而"抬起手来去做"恰恰剪切掉了因"不知怎么去做"导致的内耗时间，简单来说，就是在大脑还没反应过来的时候就给它把工作安排得明明白白了，大脑接到指令后就只能执行。

在尝试了这个方法之后，我发现很多所谓的难题其实没有我想象中的那么复杂，一旦按部就班、一步一步去求解，这些题也都被顺利地攻破了。不得不说，攻破一道难题的快乐是做对十道简单题也比不上的。

当然，抬起手来就做也并非使用蛮力，"怎么做"还是有学问的，因为有些难题再怎么努力攻克也做不出来，这时候就需要借助一些外部的力量了。由于高三时间极其宝贵，所以在攻克一道难题超过二十分钟的时候，就不要和它"死磕"了，要带着自己做题过程中的思考和疑问去向老师请教，及时答疑解惑。另外，对待要去攻克的难题也要有所取舍，因为有些难题与其说是"难"，不如说是"偏""怪"，很显然是偏离考纲中主要考点的，遇到这种题就不要一味去做了，直接放弃即可，有舍才有得。

三、同学是战友而非对手

要善于寻求老师的帮助，有时候老师的随意点拨，比自己苦思冥想两个小时还要有用。而除了老师以外，班级里的同学也是我们可以把握住的重要资源。

一定要树立一个意识，即同学是战友而非对手。想想看，在一个省，同年高考的考生达几十万，而我们的同班同学只有几十人。如果说高考的考生是一片巨大的海洋，那么一个班级只是海洋中的小小泡沫，泡沫只有聚拢在一起，才能在海洋中凸显出来。

写到这里，真的很感谢我的高三同班同学们，大家都有一种无私的精神，互相扶持、互相鼓励，一起走过了那段黎明前的明暗交织的时光。有些题目，同学的帮助比老师的指导要更加一针见血，因为同学们的"脑回路"往往更加相似，更能明白我们的思路"卡"在哪儿了。除了互问互答以外，我们高三班的同学们还自发地组成互助小组，在下了大晚自习之后一起租教室、上"二晚"，小小的出租教室里，每个人都是彼此的明灯，路上的标尺，前行的方向。当所有人为了一个共同的目标并肩奋斗的时候，奋斗这件事似乎被浪漫化地打磨了其锐利的棱角，变得更加温情脉脉，所以，当我回忆起高三那段奋斗的日子，回忆起高三那群一起并肩战斗的战友、伙伴，我的心中不是东北三九天里漫天的风雪，而是暑气里层层潮湿的热浪。

  感谢自己当时的坚持和勇敢，让我得以进入一直以来的梦校——中国人民大学读书。高考是一个重要的转折点，但高考的底色始终是炽热而又赤诚的青春，愿你我不负韶华，愿我们的青春自由无悔！

生活的游戏关乎输赢吗?

◇ 蛰 起

我的傲慢

为了庆祝,我和朋友说走就走,开启了短暂的旅行。在高铁上,我很庆幸临时买票的我们各自坐在不同的车厢,这给了我一点个人的时间和空间,让我的泪水有了机会肆意横流。泪水流进我的口罩,口罩又拍在脸上,让我的脸颊变得湿答答的,雾气逐渐蒙住了我的眼镜。我坐在窗边,并不擦去满脸的水渍氤氲,只是看着窗外太阳完全落下后的黑紫色的天空,看着所有景物向后飞去。

虽然在别人看来这也许算不得什么时刻,但这依然是我等候了多年的大进展——我的科研实验终于有了突破。在此前,这个时刻在我看来是完全不会发生、几乎没有希望的，我所能做的仿佛只有不停地向前走，虽然我完全不知道还要再走多久，也不知道这件事究竟有没有尽头。我曾数次在操场上绝望地奔跑着，用自己在物理空间的前进感抵消在科研上的停滞，仿佛在跑道终点我可以拥抱的是期待许久的成果。现实就是，当我从未实现过某件事时，它的神秘面纱会让我觉得那是永远不会到达的彼岸。

而回头细想，很多折磨和约束都是我的作茧自缚。从我怀抱着单纯而学生气的优绩主义与傲慢踏上科研道路的那一刻起，头破血流的碰壁就是在所难免的。那时的我依旧带着一种应试的解题思维，认为所有事情都是一分耕耘一分收获，认为按照清晰的解题思路一步步往下走便会理所应当地得到期许的结果。毕竟从前的应试教育环境一直都是一个非常简洁明了的系统，摆在我们面前的打怪升级方式十分清晰，只需要学习固定的知识点、掌握固定的应用方法，便可以解决固定类型的题目。这个系统中的各种投入会有怎样对应的回报都是清晰的，它单纯完美地犹如不计所有摩擦力的物理题，明确几个物理量，就能准确地计算出其他未知的量。在这种完美世界中生活久了，我们自然会生出自认为可以征服世界的傲慢，这犹如在室内场地划皮划艇，划多了便以为船的方向可以完全由自己控制，殊不知现实里的皮划艇都是在激流里回旋的。而这个完美世界又存在着单一的评价指标——率先划到终点的人是赢家,这在使我们滋生竞争心的同时为我们定义了何为"正确的行为"——服务于更快划到终点的行为便是"正确的行为"。既然"正确的行为"已经被定义,那么我们便可以无限修正自己,直至每个行为都做到"完美无缺"。于是,一个观念便年复一年地入侵着我们的大脑:只要做到完美无缺,我们就可以成为赢家。而现实果真如此吗?

开启科研路的我感到了无限的迷茫,我的所有尝试几乎都在导向一个我并不想要的不够理想的结果。前二十年的我习惯于自己的所有行为都可以得到固定已知的反馈,习惯于通过努力征服一切困难。但现实并非让你寻找正确的答案,而是让你走出自己的道路。我逐渐开始感到前所未有的失控。世界从未像现在这般在我面前飘忽不定、捉摸不透。

那天夜里,我躺在地板上,望着窗外的月光和身边亲人熟睡的面庞。该怎么办呢?该如何改变?我的思绪突然回到了高中的第一节课。

我的高中

我坐在座位上,低垂着脑袋,因为不敢环顾周围,也因为想掩饰悬在眼眶中的泪水——我的分班名次是倒数第一。周围的同学们都是各种学霸大佬,甚至有些人早已声名远扬。而我呢?这算是我的一个"人生第一次"——人生第一次当班级垫底。在高中之前,我的成绩一直算得上优异,而优异只是进入这个班级的入场券。从那天起,比起考试本身,我更怕的是张贴在教室黑板上的考试名次与结果。每次考试结束后的张榜对我而言无异于处刑,我想把头埋在书堆里,永远不抬头看那令我难堪的结果,但这样反而愈显我的窘迫。我只好迫使自己抬起脑袋,把目光对焦到那行令我尴尬的成绩上,并保持表面上无所谓的态度——毕竟王阳明落榜时曾有言,"世人以不得第为耻,我以不得第动心为耻"。但我怎么可能不动心呢?我连询问同学一道题目都要做好一阵儿的心理建设,心中不断揣测到了现在还不懂这个知识点大概会令自己有多丢脸。至于同学们,我是多么希望同他们有更深入的交往,但我从未宣之于口,因为我一直身披过于沉重的被审判的枷锁,这让我如何释放出真我与另一个灵魂相遇呢?而错过最初的交往时机后,同学们与我便成了仅仅相识却并不熟悉的人,如《面纱》中所说,"但凡是陌生人,总还会对对方有种好奇心",而"过去的共同生活现在反而成了横亘在两人之间的一道冷漠的墙",半熟未熟时的再次破冰是更为困难的。

那时的我对一切都多有纠结，纠结他人的眼光、纠结为什么过去没有打好基础。每天的日子过得一塌糊涂，具体的一道道题目本该是我辛勤耕耘的土地，我却在东逛西晃的一阵胡思乱想后往上"雨过地皮湿"地洒点水便草草了事。题目与我之间隔着一层无法穿透的毛玻璃，它仿佛是一个抽象的我无法深入了解的东西，每个选项正确与否、具体为何正确为何错误，我都不求甚解——我大脑的CPU已经被其他的担忧与恐惧占据了太多。

我开始在电影和书籍中游离，却意外地找到了答案。看完《黑客帝国》《楚门的世界》后，我发现他人目光等诸如此类的外物，本质上只是外界给我们大脑输入的一个信号，这些外部的投射都是我们不能控制的，我们只能控制我们对外物的反应与态度；看完《你一生的故事》后，我想出了一个停止追悔过去的思考逻辑：虽然未来有千万种可能，但最终被实践的可能只有一种，我们可以将这一种可能称为"命运"。过去已经发生的事情就是被实践出来的唯一可能，既然"命运"已经现出真身，那它就是无法改变的，我们只能选择接受；而对于未来，未来还没有被书写，我们就要尽力发挥主观能动性做自己能做的事情。总而言之，我逐渐学会了接受自己不能控制的事情，并尽力做好自己能控制的事情。别人如何看待我，我的过去如何令我追悔，这都是我无法改变的事情，我现在唯一能做的只有利用好有限的时间，最大限度地发挥自己的能力。

在这之后我便逐步走上正轨，并且开始在学习和考试的时候体会到沉浸事物其中的快乐。曾经脑海里的纷扰终于安静，隔着我和题目的毛玻璃也终于被我击碎，我的灵魂从身体中徐徐涌出，与题目融为一体。我开始对每道题认真，对每次考试认真。当我开始认真对待每一个过程时，我真正快乐了起来。有个对话我至今无法忘记，那是一次考试后，我父亲问我考得好不好，我回答道："你这个问法是错误的，你应该问我考得开不开心。"那时我的评价标准确实如此，因为当考试时保持了专注的"竞技状态"，这个过程本身便会令我感到充实愉悦，而这样的过程往往会带来一个副产品——好的结果。我就这样忘我地走着一步又一步，抬起头时才猛然发觉，这一步步脚印带着我走进了我的梦校——南京大学。

我与现实

画面切回那个夜晚。我想，之所以我与赛先生殊死搏斗至此仍无结果，原因同从前十分类似。当科研进展缓慢时，我的心境不复平和纯粹，我开始担忧他人的看法，并不断对过去悔恨。我花费了太多心力和自己无法改变的事情做抗争，而过度置身于此又令我无法沉浸当下，此时此刻不断从指尖流逝，又变成了令我悔恨惋惜的过去。就这样，我开始一层层地作茧自缚，给自己拷上万重枷锁。

那天我躺在地板上，下定决心要做出改变。我决定放下过去，回到高中那种"你应该问我考得开不开心"的状态。人活在世上，真正需要的东西其实很少，在认真思考之后，我决定这样度过我的生活：第一步，保持身体和心理的健康，这是一切其他事情的基石——难道我科研进展不顺，连带着还不允许我健健康康开开心心的了吗？没这个道理。我决定要过健康开心的每一天，其他什么的都之后再说。第二步，争取做事的时候沉浸其中，不要过虑结果，而要体验过程。当沉浸其中时，我获得了人事合一的快乐，这样一来，就算结果不尽如人意，我也已经有所收获。就这两步。要说第三步，第三步不是可以控制的，我们只能在心中暗暗许愿——希望我们的努力可以换来希望的结果。现实就是这样，我已经发现了，现实总是要求我们但行好事、莫问前程，要求我们尽最大努力去做，却要求我们不能对结果过分期许。但既然现实如此，我们只能接受。

我就这样重新踏上了科研路。忘却那些纷扰之后，我与科研坦诚相见了。实验结果依然如从前那般，并不理想。但我渐渐从并不理想的结果中发现了一些不变的规律。最初看到规律时，我好怕这只是昙花一现，也许我再微调一些参数，结果便不复如此了。后来我发现，这个微弱的规律是真实存在的。这种感觉十分奇异，我仿佛在隔着自然的血肉试图描绘自然的骨骼，我永远不能贴近骨骼最真实的样貌，但我又确确实实地摸到了骨骼一角的大概轮廓，它是存在的。

我突然明白了为什么从前做实验时那么痛苦——因为我心中占据着一个理想结果的模样，我预设了一个结果。每当实验结果呈现出不同的东西时，我的心先沉了下去——那时的我在尝试征服，试图让结果符合我心中的预想。但大部分的规律与现实只能被目睹，只能被体验。

凯撒大帝曾说，"我来，我看见，我征服"，年少轻狂时的我对此不能更为赞同。而现在的我却发现，世界正在一步一步地征服我。从前的我一定会对这话嗤之以鼻，我坚信自己会永远热烈，永远肆意，永远可以为所欲为。王小波说的什么受锤的牛，在从前只是令我感到悲哀。我以为自己能永远斗争，永远像飞奔出篱的野猪一样，享受最狂野的原始感。但世界正以一种我未曾想见的方式驯服我，对此我并不感到排斥，反而觉得这是正确的道路。因为尝试征服这一行为往往会滋生我们最难以征服的东西。例如我尝试征服实验时，导致我最为内耗的其实是我因征服而产生的与事物之间的对抗性。如果我尊重它的客观规律，尊重世界与现实并非我预想的原本面貌，我反而可以更轻松地接受所有结果，然后继续走下去，继续尝试。

这在对待世界和对待自己的很多事情上都很适用。我们并没有我们想象的那么了解世界与自己，我们也没有我们想象的那么能控制世界与自己。这时候我们需要认真辨识哪些是我们可以改变的，哪些是我们必须接受的。而必须接受的那部分事情，反而有可能在我们接纳它的本来面目后发生转机。

我的故事暂且讲到这里，而我生活的故事还远远没有结束。如果你觉得在解决了这些难题后，我真正的完美的生活就会徐徐拉开帷幕，那么你想错了。世上本来就没有"到了某某时候，一切都会好起来"这么一回事。但你不用担心，也不用悲观，这都是正常的。生活就像电视连续剧一样，没有问题不就意味着没有故事了吗？在非无限模式的地球 online 游戏中充分体验、在充满限制的现实里充分发挥主观能动性，这便是现实最具趣味的地方。现实与我像一对儿常起冲突的恋人，在很多我自以为足够了解他的时刻，他向我不断展现出他新的面孔。从前对他的认知瓦解、崩塌而又重建，我们的关系由此变得更为深厚,而这深厚不可避免地会迎来一次又一次的重建。但这不代表现实令我痛恨厌倦,因为后来的我逐渐明白,生活的游戏并不关乎输赢,而是关乎在一次次与现实碰撞磨合的过程中认识真实的世界与自己。

图南纪

◇ 耳诗莹

《庄子·逍遥游》云:"绝云气,负青天,然后图南。"鲲鹏遨游万里,终抵达南海。

来南京大学读书,是出生于北方小镇的我第一次踏足江南。此前,江南曾经无数次入我梦中,烟柳画桥,杏花微雨,多少游子打马过长街。后来,坐落于金陵帝王州的南大,满足了我关于大学的一切想象,我在这里度过了四年青葱时光。每当我站在思善堂前,看到漫天夕阳映在图书馆的巨大玻璃窗上,如此美艳,就扫去了内心的一切阴霾。感谢十六七岁时那个追梦的小女孩,让我到达了属于我的南冥。

如果说梦是彩色的,那么现实的底色就是纯粹的白,只有白色才能分解出五颜六色。高中是一段既漫长又短暂的旅途,三年的时间好像跨越了千山万水,回头看却只是弹指一瞬。回想起高中的生活，最令我怀念的不是熟悉的黑板、课本、习题和试卷，不是夏日教室里汗水的味道和食堂饭菜的香味，不是和三两好友打闹时的欢声笑语，而是独属于高中这一阶段的纯粹——朝着高考这个目标而奋斗的纯粹。

高一入学时，我尚且沉浸在考入梦校重点班的喜悦里，也为中考暂时告一段落而松了一口气。班主任老师对我们这个新成立的重点班寄予厚望，一次次用三年后远大的高考远景激励我们，教室的后方也专门空出一片巨大的位置，让我们每个同学写下自己的梦想大学。我当时对大学尚且一无所知，更遑论梦想，只得跟室友的风胡乱写了一个。高中的新校园、新同学是那么新鲜，课外活动也比初中丰富多了，真应了那句"天高皇帝远"。毫无防备地，第一学期的期中考试让我的自信心备受打击，初中时一向名列前茅的我在这个班级里成了垫底的存在。霎时惊醒过来，这是一个高手如云的环境，为何自己这般轻率？回想起跟不上节奏的数学课，想不出解法的物理作业，背不完的英语单词……这些困难，好像从来没有被我重视过，取得这样的成绩，也是情理之中了。究其原因，初中的我早已习惯了跟随老师的指令完成学习任务，但现在，高中给我上了第一课——不会自主学习的人，是无法适应高中阶段的学习节奏的。

关关难过，心理关最为难过。对于早已习惯当"好学生"的我来说，当时的挫败无疑是一次精神危机，比考试严重失利更可怕的，是心底的疑云：难道说，我真的学不会难度上了几个台阶的高中知识？我会成为被大浪淘走的沙子？不，不应该是现在，从哪里跌倒，就要从哪里爬起来。于是高一那年，我慢慢观察班级中学习较好的同学的学习方法，牺牲午休时间刷数学、物理题。在基础尚且不扎实的阶段，"题海战术"有一定的效果，随着不断刷题和总结，我渐渐摸清了一些学习数学、物理的门道。我现在都惊讶于，十五岁时的我是多么坚强，这个小姑娘顶着巨大的心理压力，没有因为一时的受挫而否定自己，而是相信自己可以做好。所幸，那只是高一开始的一小段路程，距离高考还有很长的时间，一切都来得及。无数次暗下决心——下次一定要比这次更好。这样的自我拯救，终于取得了成效，高一结束时的期末考试，我的成绩已经提高到了班里的中游水平，足以告慰自己付出的努力了。很多时候，能否做到一件事，取决于自己的信念，在之后的人生旅途上，我时而也会回忆起这段曲折的经历，它已经成了我人生中的宝贵财富。

高二时文理分科，面临兴趣和实用之间的权衡。若是选择理科，那么将来的专业选择更为广泛；但是，我对历史和地理更感兴趣，物理和化学的成绩并不算好。

经过反复的思想斗争，我选择进入文科班，事后证明这一选择无比正确。学习本身就是痛苦的，如果没有兴趣作为支持，那连苦中作乐的机会也不会有多少了。

高考的六门科目中，语文、数学、英语的分值都是150分，这三门课加起来占了高考总分的60%，也会更显著地在高考中拉开差距，因此这三门课注定要投入更多时间和精力。如果将高考比作大厦，那么语数英就是重要的地基。语文和英语的基石在于积累，对古文篇目、高考单词有熟练的掌握，保证了这两门成绩的下限，而掌握做题技巧提高了其上限。换言之，只要足够勤奋，语文和英语再差也不会差到哪里去。数学的提升方法也很朴实无华，那就是多做题、多总结，题目变化无穷，但题型是可以穷尽的，要尽可能将所有题型的对应解题方法都总结出来。这并不容易，但一分努力就会获得一分收获，夯实基础，才能在考场上以不变应万变。政史地三门学科，近年来的高考题目都呈现出灵活多变的特征，在熟练掌握教材的前提下，要注意课本之外的知识，扩大自己的知识面。

保持平稳的心态，在高考备考中尤为重要。大部分时候，风平浪静只是我们美好的祈愿，前行的道路上不总是顺风，真正优秀的人是在逆风的环境中也能瞄准目标、勇敢向前的人。高中阶段的成绩波动十分正常，这么多次大大小小的考试，总会有一两次发挥失常的时候，我们既要重视其中的原因，也不应过分焦虑。高三上学期的一次模拟考试，我考出了我自己有史以来最差的成绩，沮丧、羞愧和忧虑一下子充斥在我的生活中。我下定决心要把自己的成绩拉回来，但屋漏偏逢连夜雨，一个月后的下一次考试，我考得更差了。这个时候，我的心中升起了对未来的最坏设想——如果直到高考前成绩一直下降该怎么办，如果……不敢说出口的种种可能，都在我心里埋下了深深的恐惧。幸运的是，我的班主任老师在这个时候给予了我支持，他给我写下一句话："秋天的果实不属于春天的赏花人，而属于辛勤的耕耘者。"这给了我一颗定心丸，我一直以来的努力都被他看在眼里，现在需要做的，就是相信辛勤的耕耘终将化成丰收的果实。

转眼间高考将近，班主任老师又让同学们在课桌上贴上自己的心仪大学。我提笔，一时竟不知道要写什么，当时的我只想考出更高的分数，越高越好；在求索知识这条路上，我能走得越远越好，我不想为自己设下一个看得见的终点。最终，我的心仪大学那里留下了一行空白。但我知道，我不是没有目标，我的目标正在愈来愈丰富的道路上。

但知行好事，莫要问前程。高三的那段时间，就好像一个人在沙漠中踽踽独行，不知何时得见绿洲，所见、所问只有自己的心：你到底想去往何方？备战高考的过程，也是一次次看见自己内心的过程，所爱的、所恨的，所期待的生活，所想成为的人，所欲履行的道路，都在那段时间有了模糊的轮廓。虽然，考试让我们变得功利，但分数之外，还有更珍贵的东西值得我们留意，我们要学会在试题之外找到真正让自己热爱的事物。人在做某些事情时，有时会忘掉自我，全然享受其中，心理学上将之称为"心流"，就好像有时候我忘记了高考，单纯享受习得知识的快乐。当我不把高考看作枷锁，我就是真正自由的，这可能就像《逍遥游》中所说："若夫乘天地之正，而御六气之辩，以游无穷者，彼且恶乎待哉？"

　　临到高考之前的几个星期，考试越来越频繁，而我越来越能做到以平和的心态对待每一次考试。为什么？一是无虑，放下所有身外杂念，一心专注备考；二是无悔，每当能够做出选择时，不让自己后悔；三是无惧，不害怕失败，只做好自己该做的。无虑、无悔、无惧，我无数次想象我是一个剑客，狭路相逢勇者胜。从排名起起落落，到几乎稳定在一条直线，再看看远在天边近在眼前的高考，我好像已经获得了一种稳稳的掌控感，只要等高考那一天，寒光出鞘，落笔为终……

　　我的高考之路走到了终点，而修行永不停止。最后的考试成绩没有辜负我的期望，一封紫色的录取通知书，把我带到金陵。在专业选择上，我仍然秉持这个原则——听从内心的声音，远比迎合世俗的期望更重要，于是我选择进入文学院读书。大学生活，并非完全顺利，晴空万里时总有云翳掠过，欢声笑语中也会夹杂些许杂音。我深知此后的人生将遇到比高考更大的风浪，而当年的我总会在耳边低语——无虑、无悔、无惧。每当午夜梦回，我都会想起高中那段心无旁骛的纯粹时光，那是成长中难以再现的孤品，也是我永远都要珍藏的回忆。

心火所在，得以成人

◇镜　水

多年过去，我依然记得早晨六点钟迎着细雨走在高中校道上时，我对自己说的话："高中阶段会是我人生中最幸福的阶段。"有朋友提醒我，话不要说得太早。时至今日，我想，高中的幸福与大学的幸福是两种不同类型的幸福。高中是拼尽全力追逐光的日子，而大学则是点燃自己身上的光的岁月。

有些人的青春轰轰烈烈，而我的高中三年平淡如水。或许是还没有到开窍的年纪，落日余晖、欢声笑语、书声琅琅、挥汗如雨都如电影胶片般一帧帧放过。其中或许有焦虑不安，或许有因成绩跌落的泪水，但多年之后也都恍然若梦。若时光回转，能与过去的自己对话，也许我会说：

我知道你很辛苦，也很累，很想睡觉，已经用尽所有力气去学习，但成绩又似乎停滞不前。但也许，你需要坐下来安安静静地思考一下，自己是否真的已经穷尽了所有的办法。刻苦学习并不意味着每天早上多早起床，也不意味着你比别人多背了几个单词，也不意味着你牺牲了多少假期来学习，而是你将你的心火放在学习上，全神贯注地，不放过一丝可能地去学习，这是思想上的劳累。而你是否在用身体上的劳累代替了思想上的劳累？这是一种极其危险而又很难察觉的状态，也有人将其称为假努力。因为表面看上去这类人每时每刻都在认真学习，但实际上学到多少却又未可知。

每年学校都会请优秀学生代表分享学习技巧与方法，但就算我不说你也知道，真正有用之处，少之又少。每个人都有自己的思维模式，对学习方法的适应度也有所不同，那些极为优秀学生的学习技巧或许并不适合仍在艰难向上的我们。现在让我以大学的视野给你一些提醒：请忘记那些具体的学习技巧，一切以结果为导向。

首先，这个"结果"是什么？不是你用完笔芯的数量，也不是你早起的天数，也不是做完练习册的数量，也不是你背的单词的数量，甚至不是你高考之前任何一次考试的成绩，而是最后的高考成绩。高考不仅仅是一场考试，而且是一场长达三年的漫长战争，其中会有无数次小战役的失败，而是是否能够打起精神勇往直前，瞄准最后的目标，则是是否能够取得胜利的关键。你的关注点，你的"心火"必须聚焦在最后的目标，如此，在面对任何阶段性失败的时候，甚至在面对最后的高考时，也都能够心如止水。这是一场漫长的淬炼。《战争论》一书中曾提到："一个人要想不断地战胜意外事件，就必须具备两种特性：一是具备在这一加重了的黑暗中仍能发出一些内在的微光，引导他走向真相的思维能力；二是具备跟随这一微光前进的勇气。"在高考征途中所要面临的"意外事件"就是一次又一次的失败，走向真相的思维能力就是上面说过的"思想上的劳累"，而前进的勇气就是扛住压力和打击的坚韧毅力。你若真的全身心地投入，相信我，三年过后，你不仅仅能够拥有满意的成绩，还将拥有一个能够穿越黑暗与压力抵达目标的坚毅灵魂。

那么，何谓"思想上的劳累"？即用你的大脑去思考，什么才是真正的学习，做些什么才能又快又好地提高高考成绩，而不是怎么才能完成老师布置的作业。当然，你可以在经过思考之后，发现老师布置的这个作业有助于完成最后目标，所以去保质保量地完成它，但出发点绝不能是"因为是老师布置的作业，所以我一定要完成它"。一切要以最终目标为导向。学习的过程就是刻意练习的过程，输入—输出—反馈—改进，这四个环节就是学习的核心。所谓思想上的劳累就是要把这四个环节落到实处，你每天究竟输入了多少，学到了多少知识点，又输出了多少，学到的这些知识点可以帮助你在做题的时候多拿多少分？反馈则是去反思或是请教老师和同学，自己的学习过程有没有什么问题？这个学习过程，不仅包括你如何背书、如何做题，还包括你早上几点起床效率最高，包括你复习时间间隔多久的效果最好，你究竟是哪个知识点掌握不牢固，不牢固的原因到底是什么，是缺乏记忆，还是运用不行？这些问题都要仔仔细细地去思考，这才是学习中最累的事情，因为每个人的答案都不同，不能照抄别人的经验，只有了解自己，才能找到最适合自己的学习方法，而这些无人能够替代。改进，则是根据自己的思考，修改自己的学习习惯、计划、策略等事无巨细的内容。如此循环往复，一个又一个漫长的循环之后，你会发现，自己已经走过了一段很远很远的路了。但说起来容易，做起来难，即使如今已经身处名校，我还是会说，如果我当时真的完全做到了上述所说，我会比现在走得更远更好……

高中的幸福在于，我只需要把精力聚焦于高考，心火的位置无比明晰与确切，奋力向前冲的感觉，真的很幸福；但大学的幸福在于将自己打破又重塑。当高考的心火消失之后，重新寻找心火的过程，漫长而又艰难，同时也带我打开了一个新的世界，也重新认识了自己。

当拿到中山大学录取通知书的那一刻，我仍然是茫然的感觉，没有想象中应该有的欣喜若狂——从老师们的口中、电视频道中我判断自己应该有这样的情感。当妈妈拿着通知书拍照、发给自己的好友的时候，我突然意识到自己并没有宣扬这件事的任何欲望。我不知道自己即将面对什么，也不知道这个突然砸在我头上的专业——哲学，将带给我什么。进入大学之前，我对自己的专业一无所知，不，还是知道一些的，高中政治书上总还是有哲学这一模块的。

大学的前两年，我一直埋头于学习各种课程，像高中一样地学习，像高中一样地完成老师布置的作业，像高中一样，把知识硬塞进自己的脑子里面。走在学校里面的路上，和走在学校外面的路上似乎并没有什么区别，我都是一样地走着。勤勤恳恳、认认真真，保持着高中的学习状态，生活没有一丝波澜，每天早起、上课、吃饭、睡觉。可能还是有些波澜的，我为了让自己的生活有些波澜，去参加了系学生会的体育部，有一次，一些申报表格的事情弄得我焦头烂额，两个小时之内，跑了好多个场所，并且还在教务老师面前一下子暴露出我的焦虑情绪，我把要做的事情一一列出，并且说明它们之间如何相互冲突，不可能同时完成之类的话。但事实证明，后来我都很好地完成了它们。也许我只是想给自己找点事情做，使得我的生活看上去可以有波澜一些。实际上，在万丈波涛的情绪背后，我的心却如死灰一般，一动不动。它似乎缺少了某种动力。

直到……

为了写众多课程论文中的一篇，我选择了老师推荐的众多书目中的一本，打算写关于这本书的读书报告。开始读的时候，我一直把它当作一个任务去完成，但是越读越兴奋，书中推翻了我之前很多对事物认识的成见，仿佛进入了一个新的世界，我如饥似渴地读着，感受着作者的世界，那一刻我似乎知道，什么叫作"我扑在书上，就像饥饿的人扑在面包上"。那一刻，我在想，即使不需要再写这篇论文，我也一定要把这本书读完，我当时就在想，如果我这一生都从未遇见过这本书，我该会有多么遗憾啊！我像八爪鱼一样疯狂地吸取着周围的知识，乐此不疲。与高中有固定答案的知识不同，大学的知识需要自己去探索与思考，没有完全确定的答案。在广阔天地之中，我们需要探索出属于自己的道路。无限的知识，都摆在我的面前。高中的知识边界被完全打破，相应地，也需要主动探索的勇气和胆量。

沿途中，我亦结交了一大群对知识心向往之的伙伴。

当有心火的动力牵引时，自然能够吸引志同道合的朋友。人是一所大学的灵魂。如今的互联网之发达已不用赘述，真正宝贵的是人与人之间思想的碰撞。真正的智慧非常稀有，而大学正是智慧浓度最高的所在。在大学期间，我无数次和朋友秉烛夜谈，讨论学术问题，我们谈论着爱与恨、理想与现实、学术与政治，也谈论着各种热议的社会问题。如果说我从书本和老师身上学到了40%的知识，那么从和同学的交流中则学到了60%的知识。身边的优秀同学给了我无数的启发，我们也成了最好的朋友。要知道，结识优秀的人是非常不容易的一件事情，而大学则提供了绝佳的交流场合，使得我们可以毫无芥蒂地进行思想上的深入沟通。

　　此种被旺盛求知欲所环绕的喜悦并没有持续太久，就有一个十分严峻的问题摆在我面前（一般来说，大三时就会面临这个问题），继续升学，还是就业，如果就业，要选择何种职业、哪个城市。这是我第一次严肃地面对人生的重大选择。人一生有两次出生，第一次是生理意义上的出生，而第二次则是精神意义上的出生，是真正意识到自己要对自己负无限连带责任，并且真正按照自己的意愿与原则，去塑造自己的言行举止以及每一个选择。当我第一次站在人生的岔路口时，所有的一切知识与经验都开始收拢，包括我曾经学到的所有知识，曾经与老师和朋友的交流，我所有经历的一切事情都开始慢慢汇集，从而支撑我做出那个最重要的选择，也真正地得以成人。而今，我也顺利地保送中国人民大学继续攻读硕士研究生。

　　回首往昔，我会非常肯定地说，我的大学是幸福的，因为我曾茫然无措过，也曾热情追逐过，亦曾审慎抉择过，而这些的关键在于，我找到了自己的心火所在，找到了自己生命动力的所在。我知道，此后的我会带着热切而绵长的求知欲、挑战一切晦涩文本的决心与毅力、面对任何不确定性的泰然自若，走向更远的远方。而这一次自己探索得来的心火，将永不熄灭……

逐梦无悔，心向远方

◇ 仇铭坤

第一次走进清华园时，微风轻拂荷塘，阳光透过柳梢洒下点点光斑，眼前的一切仿佛让我回到了那个年少时对清华满怀憧憬的自己。还记得课本上朱自清的《荷塘月色》，那段文字曾让我心驰神往，清华也因此成为我心中最为神圣的殿堂。彼时，我并不完全懂得理想的含义，只是单纯地渴望着有朝一日能踏入这片知识的沃土。如今，当我真正站在清华的校园里，回望一路走来的艰辛与努力，才明白，这个梦想始终在引领着我，无论经历多少挫折与挑战，我从未放弃。

迷茫中的执着

一场突如其来的疾病让我错过了高中开学的关键时

间。十几天的缺席让我的学习进度落后了许多,回到课堂时,我感受到了一种前所未有的沉重感,仿佛被一座无形的大山压住了。回到学校的第一天,我看着讲台上的老师在讲解着物理的曲线运动公式,同学们在笔记本上飞速地记录,而我的脑袋却一片空白。十几天的耽误不仅让我错过了知识的积累,还使我难以跟上课堂的节奏。我拿出课本,试图重新跟上老师的节奏,但笔尖刚刚触到纸上,脑海中却空无一物。那一刻,我感受到了焦虑,甚至是无力。仿佛高中的学习已经成了一条高速路,而我被迫停在了路边,想要重新加入这条快速奔跑的队伍,却不知道从哪里开始。

当时我尝试用初中的学习方法来弥补落下的功课。然而,高中的学习节奏和难度远非初中可比。我一遍遍地翻看课本,试图通过大量的机械记忆来弥补落下的功课,但效果并不理想。曾经在初中,我依靠刻苦复习,轻松掌握了知识点,可如今同样的努力,却得不到相应的回报。渐渐地,我陷入了迷茫和焦虑,仿佛所有的付出都毫无回报,所有的努力都在无形中被吞噬。

相信自己带来的转变

随着时间的推移,我意识到,焦虑和恐惧只能阻碍我的前进，而唯一的出路就是接受现状，并在这个基础上做出改变。我开始反思自己的学习方法，分析自己的不足。或许，我在初中的学习方法适用于初中，但到了高中，需要的是一种更高效、更有针对性的学习方式。

正是在这样迷茫的时刻，我开始试图寻找新的动力。那段时间，我常常会戴上耳机，听一些励志的歌曲，其中成龙的《相信自己》对我影响深刻，每当耳边响起"相信自己，这土地永远属于你"，我仿佛听到了来自内心深处的呐喊，激励着我走出困境，勇敢前行。这首歌让我意识到，改变的力量在于相信自己，唯有相信自己才能走出困境。

我在内心里树立了必胜的信念，就像《三体》里面的章北海在内忧外患中依然有着乐观的态度和必胜的信念。有着信念的加持，那些迷茫和无助感也逐渐离我远去。我开始思索高中课程学习的方法，因为我坚持相信成绩的落后对我而言只是暂时的，当我找到适合我自己的学习节奏，我的成绩就会变得和以前一样名列前茅。我改变了之前一味刷题的做法，开始寻找高中知识学习的"逻辑线"。我明白学习并不是为了那所谓的考试成绩，学习的根本目的是要真正地理解知识背后的原理。这让我在数学和物理学习中找到了突破口。比如物理中每个题都有固定的知识点，只要理解其知识点的深层意义，就会找到解答该类型题目的固定思路和方法，而我要做的就是理解深层知识点来熟悉这些套路，通过不断练习来形成条件反射。数学也是这个道理，每个题看似复杂，但从底层逻辑来看，都是围绕着固定的知识点，只要真正掌握了底层知识点，解决问题就是轻而易举的事情。

共鸣的力量

高三，是整个高中生涯最重要的一年，也是最容易让人感到压抑和焦虑的一年。我也不例外，尽管我已经找到了新的学习方法，但心中的压力依然挥之不去。成绩的波动、周围同学的竞争、家长的期望，这一切都让我感到喘不过气来。

有一天，我偶然在网上浏览贴吧，进入了一个叫"高三吧"的论坛。在那里，我看到了无数和我一样处于高考压力中的学生，大家在分享各自的学习经历和感悟。其中，有一篇帖子给我留下了深刻的印象，题为《风雨兼程，书写我和我的复旦梦》。这个帖子的作者从高一起就树立了一个考上复旦大学的梦想。联想到了自己从小就有一个清华梦，看到他的每一篇帖子时我在心底都有着很强烈的共鸣。我也曾无数次幻想自己考到清华大学，站在水木清华池塘边看书，在大礼堂参加典礼，在二校门拍毕业照，冬天在湖面上溜冰，实现"争取至少为祖国健康工作五十年"的口号……那些都是我一直梦寐以求的。

在贴吧中，我也认识了一些"吧友"，我们来自全国各地，有着相似的学习背景和困惑。在交流中，我慢慢意识到，原来不止我一个人在奋斗，大家都在为了梦想不懈努力。我开始理解，这段看似漫长而艰苦的岁月，其实是我们共同经历的一段成长期，它不仅仅关乎考试和成绩，更重要的是在这个过程中我们如何调整自己，面对挑战。

现在回想起来，我依然感激那个时候的自己，感激那段时间我遇到的那些鼓励我的人。那些在网络上分享经验、交流心得的吧友，成了我坚持下去的重要力量。那段时光让我明白，我们每个人都需要有伙伴和同伴，尤其是在最艰难的时候，互相扶持才能走得更远。

慢下来，走得更远

高中的生活节奏就像带兵打仗一样，事事都很紧急，无形当中就被紧张压抑的气氛所感染，整天被满山遍野的试卷和书山书海所包围。面对每天都发下来的试卷、练习题等资料，我的第一反应就是赶快做完，练习题做得越多越好。每天清晨一睁眼就面对着各种试题,深夜睡前也是浏览各种资料,但是期待中的勤能补拙的结果并没有发生。

一个偶然的机会,我读到了一本叫作《冥想5分钟等于熟睡一小时》的书。结合自身的经历,我意识到了快速并不等于准确,盲目的勤奋努力并不是通向成功的阶梯。无论是简单还是复杂的题目,追求速度过快反而会因为对题意理解不够而导致失误。所以,我慢慢学会了正确评估自己的水平,放慢速度,确保每一道题目都做得准确无误。

例如,在数学考试的120分钟内,我不再纠结于最后一题的最后一问,而是用更多的时间来理解出题者的思路和意图,把更多的时间用于基础题的解答,这些基础题的准确性才是决定整体考试成绩的关键。与其在考场上"搞科研",花一小时来解决一道题中的一小问,不如保证前面的题目没有因为自己的粗心大意而犯错。通过这种方法,我的准确率大幅度提升,各科成绩明显提升。

文字的深度与心灵的提升

语文一直是我自信的科目,但在高三复习的过程中,我也曾有过一些误区。最开始，我总是忽略语文的学习，认为这门课只要平时多读、多写便可以轻松应对。但随着学习的深入，我发现，语文不仅仅是一门基础科目，它的重要性远超我的想象。

语文学习的关键在于理解，尤其是在阅读和作文中，能否准确抓住出题人的意图，决定了我们能否得到高分。过去的我，常常在做题时没有仔细审题，认为只要抓住几个关键词就可以轻松解答，但这样的思维方式常常导致我在理解题目时出现偏差。后来，我开始更加注重细节，学会了慢慢读题，仔细分析出题人的意图。

我还记得有一次阅读理解考试，文章的内容非常复杂，我一开始以为这只是简单的文学描写，便草草作答。但后来发现，文章其实蕴含着更深刻的哲理，我没有深入理解。那次考试的失误让我意识到，语文不仅仅是对文字的记忆，更是对思维和逻辑的考验。只有在细节处下功夫，才能真正读懂文字背后的深意。

梦想彼岸，永不止步

"尽吾志也而不能至者，可以无悔矣"，高考结束后，我取得了达到 985 高校的录取分数线的成绩。我所在的县城高中很多年来也没有人能在高考考入清华北大这些名校，虽然这不是我最初的梦想，但是这也是我人生中新的起点。进入大学后，我依然把清华大学当成我奋斗的目标，希望有朝一日能在硕士、博士期间圆梦清华。

大学的这几年里，我结交三五志同道合好友，一起参加比赛，一同去实验室做科研课题，抓住一切机会来提升自己。由于这几年的不断努力，我的成绩始终保持在前列，培养了扎实的专业基础，取得了保送硕士研究生的资格，早在大三结束后就收到了北京师范大学硕士研究生的预录取。在硕士研究生阶段，我把对清华的梦想藏在了心底，我最渴望的是对科研的进一步探索，我所期待的是把身边每一件小事做好。经过硕士研究生阶段的沉淀和积累，我觉得距离清华好似越来越近。"但行好事，莫问前程"，由于在硕士阶段表现出色，我得到了清华大学博士生导师的认可和青睐，成功申请到了清华大学的博士项目，实现了自己的清华梦。

当我站在清华大学的校园里，回想起自己一路走来的艰辛与奋斗，内心充满了感激。正如那篇《荷塘月色》描绘的场景一般，清华的荷塘在月光下静静流淌，而我终于站在了它的旁边。回望过去，我为自己当年的坚持感到骄傲，高中时经历的所有困难与磨炼，成就了我的今日。梦想是不会轻易破灭的，它会在我们的心中扎根，伴随着我们的成长，不断地开花结果。清华园中的每一片叶子，每一座建筑，都是无数梦想的结晶。而我，将带着这份梦想，继续前行，用我的双手去创造，去书写属于自己的篇章。

"世之奇伟、瑰怪，非常之观，常在于险远，而人之所罕至焉，故非有志者不能至也。"愿每一个追梦的你，都能够坚持自己的梦想，勇敢前行，走向更加广阔的未来。

道阻且长，行则将至

◇ 学　润

　　写作此文时，我已经在学术最高殿堂追逐科学的梦想了。回望高中生涯，依然心潮澎湃，热血沸腾。那跌宕起伏而精彩纷呈的高中生活，在我的眼前渐渐浮现，且愈加清晰。

　　回望来时路，那时远时近的高中生活早已刻骨铭心地扎根于我的脑海，成为我人生不可磨灭的记忆。在高中的学习阶段，我也曾有过低谷和长久的迷茫踟蹰。在高考前不到八个月的时间里，我的成绩提高了一百多分，在高考中排省理科前二百名，顺利进入中国人民大学学习，开启了我崭新而充满未知的人生旅程。

　　当我踏入高中的大门，一股不可阻挡的激情便在我胸中涌动。师长们常常告诫我："高一是打基础的关键期，若能在这一年里名列前茅，那么接下来的学习之路便会更加稳健。"当时的我对此坚信不疑，怀揣着对未来的美好憧憬，即便是在住校的日子里，夜晚寝室的静谧也无法阻止我求知的脚步。我时常捧着习题册，独自一人前往洗漱间，在那微弱的灯光下研读至深夜。心中那团炽热的火焰从未熄灭，它驱使我不断向前，不知疲倦。

高一那年的付出得到了应有的回报，四次重要的考试中，我的成绩始终稳定在年级前十之列。然而，随着时间的推移，步入高二的我，内心的那份紧迫感似乎渐渐淡去，一丝慵懒开始悄悄滋生。

恰逢其时，学校新聘请了一位曾在物理竞赛中脱颖而出并保送清北的老师。得益于高一期间优异的成绩，我渐渐滋生出一种飘飘然的感觉，仿佛只需轻轻一跃，就能触及清华北大的门槛。于是，一个大胆的想法在我心中萌芽：通过物理竞赛实现保送梦想。然而，这份过于膨胀的自信，却为我后续的坎坷埋下了伏笔。

我的家人与老师始终保持理性，当他们得知我渴望投身物理竞赛时，耐心地为我剖析其中的风险与挑战。他们提醒我，在当前竞赛价值日益贬值的趋势下，唯有摘得金牌方能赢得保送资格，而这一过程必将消耗大量时间和精力，极有可能得不偿失。尽管如此，那时的我多少有些逆反心理，但起初仍遵从长辈们的建议，力求在巩固课内知识的基础上适度涉猎竞赛内容。

然而，随着时间的推移，内心的不安分终究无法抑制，我向父母强烈要求脱产学竞赛。最终父母做了让步，但前提是我要保证学习成绩。令人意外的是，高二上学期，我竟误打误撞真的获得了年级第一的成绩。现在回想当时的我，那次的年级第一并不是一件好事，那次虚幻的成功助长了我内心的浮躁与自负。自此以后，我彻底放弃了课堂学习，沉浸在物理竞赛的海洋中，忽略了对基础知识的巩固。结果，我的学业与竞赛能力双双滑坡，下一次大考成绩跌至前所未有的低谷。

即便面对如此惨淡的成绩单，当时的我仍未意识到问题的严重性，依旧处于一种自我陶醉的状态。寒假期间，本应是查漏补缺、提升自我的宝贵时光，却被我不经意间虚度。每日仅敷衍了事地浏览一小时书籍，其余时间则无所作为，整个假期基本上是荒废了。

高二下学期正式开始，我也正式脱离了常规课程，给自己的成绩下降找了一个冠冕堂皇的理由。每天早晨八点钟才醒，漫不经心地走去竞赛教室，到竞赛教室和同学嬉戏打闹，日复一日，有效学习的时间寥寥无几，效率低下得令人担忧。转眼间，一个学期悄然逝去，我的成绩已悄然滑落至全校中游。我开始质疑自己，质疑这条充满不确定性的竞赛之路。我深知自己的真实水平，那远远不足以叩开省队的大门。然而，长时间的投入使我难以轻易放弃，最后三个月里，我仿佛抓住最后一根救命稻草般，疯狂地解题，或许是因为那一丝未泯的倔强。

高三的钟声敲响，物理竞赛复赛前夕，我彻夜难眠。竞赛对我来说，不仅是第一次真正的考验，更是我用来掩盖课内成绩不佳的最后一层屏障。站上考场的那一刻，我感到前所未有的空虚，尽管心中渴望超常发挥，但现实却是如此残酷。最终，我仅获得了省一的成绩，距离省队的门槛尚有不小差距，这意味着即便有所加分，我也必须直面即将到来的高考。

10月份悄然来到，距离高考仅剩不到八个月的时间。我决定回归正轨，搬出宿舍，自己租了一间房子，只为有更好的学习环境。一年的放纵，使我的课内知识几乎忘记，生物化学的成绩更是不出所料地挂科。11月初，高三上学期的期中考试如期而至，考前，我与班主任进行了长达两小时的交谈。班主任的话语如春风化雨，她告诉我："慢慢来，你有实力，这次考试先设定一个现实的目标——考进年级前一百，然后再逐步恢复。"

我重新审视了每一门学科，发现化学和生物亟须加强。由于错过了第一轮复习，我的理科综合基础尤为薄弱。于是，一场疯狂的复习战役就此打响。我制订了一份详细的时间表，除了正常的课程安排，每天午休和晚餐时间都会完成一套理综试题，边吃饭边做题成了我的常态。晚自习时，我更是严格要求自己完成第三套试卷。这样，每天至少完成三套理综试卷，并认真校对解析。早晨的自习课以及放学后的时光，我都用来巩固生物化学的基础知识，书上的每一个细节都不放过，一遍遍重复直至铭记于心。高三这一年，除了必要的休息时间，我将所有精力都倾注于学习之上，只为那最后的冲刺。

回归学习的第一个月匆匆而过，这一个月里，我完成了大约100套理综试卷。终于，高三上学期的期中考试如期而至。这是我一年多来首次满怀自信地步入考场。考场上，我应对理综题目如鱼得水，加之有扎实的数学基础，我感到异常从容，心中充满了底气。经历过低谷的人，再面对坎坷时已不再畏惧。那时，我深刻领悟了这句话的意义，无论考试结果如何，只要勇敢地挑战自己，付出努力，本身就是一种成功。

考试结束后，我凝视着成绩榜，赫然发现自己位列年级第28名！28名！那一刻，我的心情难以言表，既有激动也有感慨。我感受到了真正的成就感，体验到了纯粹的快乐，那是发自内心的幸福。我重拾了自信，虽然可能永远无法回到过去最辉煌的成绩，但我知道，只要脚踏实地地走下去，付出便是无悔的。

接下来的八个月，我心中始终燃烧着一团不灭的火焰,每一天的时间都被安排得满满当当,每一刻都全力以赴地投入学习中,不再有一丝一毫的浮躁。在这八个月的时间里,我的潜能仿佛得到了全面的释放,从期中考试到期末考试,再到三次模拟考试,连续五次取得进步。每一次考试,我都充满信心,每一次都觉得自己准备充分。高考如期而至,我在考场上稳定发挥,走出考场的那一刻,突然意识到,高中三年的所有点滴都已成为过眼云烟,那些曾经以为无法逾越的障碍,如今看来不过是天边淡去的云彩。

最终我的高考成绩距离清北还是差了一点点,尽管与我高中的巅峰时期还有一段距离,但是,回望那段充满波折与挑战的高中时光,我依然可以发自内心地说:"我的青春无悔!"大学四年,我未曾有一丝松懈,始终坚守初心,刻苦钻研,最终得以如愿清北殿堂。至此,十八岁时的斑斓美梦和豪言壮语终于成真,理想的风终于吹进了现实。

时隔数年,时常也会想起,那段充斥着自己的叛逆不羁、年少轻狂的时光,十几年来的求学路,每一步的成长都让我见识了更为广阔的世界,接触到周围更多优秀的人。正是这些经历,让我深刻体会到自身的渺小,更加深刻地了解到什么是"不登高山,不知天之高也;不临深溪,不知天之厚也"。

高中学习生涯结束之后，我又在学业道路上辛勤耕耘了数年。此刻的我，清楚地知道，人生没有白走的路，每一步都算数。感谢高中时拼命努力的自己，为自己后来的人生奠定了坚实之基，为我打开了一扇认识世界的窗口，也使我无限探索未知和突破自己。而高中所经历的起伏，也让我明白在高潮时不必骄傲，身陷低谷时也不必沮丧，行而不辍，久久为功，方能行稳致远。愿你我不负韶华，共赴青春之约！

第二编　方法篇

运筹帷幄，决胜千里

"工欲善其事，必先利其器。"要想取得好成绩，掌握正确的方法技巧是关键。从宏观角度看，应树立良好的心态和自信，制订切实可行的计划，合理安排时间，并善于积累和总结。从微观角度看，如何正确做笔记，背诵要分几步走，应该如何刷题，作文应该怎么写等，都应讲求一定的方式方法。而各个具体学科因学科性质不同，其学习方法也具有针对性和差异性。学习过程中，在向内探求的同时，也可以合理借助外部的力量。时间宝贵，只有掌握正确的方法，才可以提高学习效率，创造无限可能。

不啬微芒，造炬成阳

◇ 许皓雪

我的梦里总有纷至沓来的试卷和沙沙不停的写字声，总有此起彼伏、聒噪而充满生机的蝉鸣，似火的骄阳、燥热的焱风混杂，浸润着我肆意而烂漫的期许，酝酿着我对未来无限的希冀。那时的窗外，枝丫恣意地延伸、生长，但盎然铺陈的绿意，总也遮挡不住艳阳。

那时候的我，坐在最闷热的教室里奋笔疾书，被各种知识填塞饱和的脑子无时无刻不在飞速运转；每天的早读课，背诵和朗读的声音连绵不绝，即使早已口干舌燥、声音嘶哑也浑然不觉；在无数个灯火阑珊、寂静无声的夜晚里挑灯夜战，倦意席卷而来，内心却异常坚定，只是想用自己的努力，去编织一个五彩斑斓的梦，一个只要靠学习就能够实现的梦。

教室外的红墙上，每个班级都有一个文化宣传栏，我们班的宣传栏上,各个同学的高考寄语赫然其上。我用一张绿色的心型卡片写上了我梦寐以求的学校——中国人民大学。在我房间的书桌旁的白墙上,有几张我用麻绳连缀起来的卡片,卡片上依然是我的梦校以及我从摘抄本上摘录下来的句子,印象最深的一句是:"最华丽的破茧,需要最无悔的付出和最坚韧的毅力。"

可对于那时的我来说,"北京""中国人民大学"这些字眼还只存在于幻想中,是遥不可及的。但它们一直像一束光一样,引导着我探索前方的未知。努力,让一切的幻想都变成了可能。正如高一刚入学时,班主任带给我们的一篇文章《你凭什么上北大》中的那句话:Nothing is impossible。

高中的时候,自己的成绩还是很好的,这得益于我不仅在思想上充分认识到学习是一件令人快乐的事情,拥有学习的自觉性、主动性,还掌握了正确的学习方法和技巧。我认为学习应该重效率,学习不是时间的堆砌,而应该在保证学习质量的基础上缩短学习时间。而提升学习效率,最重要的是要上课认真听讲,充分利用课堂的时间将知识点完全吸收。应该保证学有所长,在日渐的学习中自己可以得到知识的扩展和提升,完整的知识网络的构建。

下面我来分别谈谈自己各科的学习方法:

一、语文

（一）广学多闻，厚积薄发

积累在整个语文学习过程中的重要性不言而喻，切忌闭门造车。首先是对于基础知识的掌握，比如，必背的诗文、文学常识、文言文字词，以及一些现代汉语语法、词汇知识。高中的时候，语文老师让我们每个人准备一个积累本，我时常在上面摘录一些相关知识，以及在各种美文中看到的好词好句。而在作文中适当运用一些好词好句便会让整篇文章增色不少。这样做不仅有利于扩大自己的知识面，也有利于提升自己的感性思维，从而全面提升自己的语文素养。

（二）掌握"套路"，适时运用

掌握一些做题的方法和技巧必不可少。如：在诗文中，作者通常会表达哪些情感；某句或某段话在文中会起到什么作用；人物的性格特征有哪些；修辞手法、表现手法有哪些；等等。

（三）善于观察，学会感知

语文成绩的提高不仅仅是对语文的单纯学习，更多的是要在日常生活中多观察，多感知，培养对事物的感知能力，认识世间百态和感情的复杂多样。高中的时候，语文老师会安排每周一次的随笔写作，让我们写自己的所思所想，这对我的语文学习大有裨益。

二、数学

（一）通晓公式，熟练运用

数学的学习更依赖于一个人的理性思维。熟练掌握各种公式和定理是数学学习中最基础和最根本的，一定要把各种公式和定理熟记于心。同时，要重视这些公式和定理的推导过程，这样有助于加深对公式和定理的理解，从而更加熟练地对其加以运用。

（二）重视例题，加强训练

要格外重视课本中的例题，例题展示了多种题型，答案中也有完整而准确的解题步骤，深挖例题可以使我们形成对题目的全面认识，逐渐形成自己的解题思路。课本是基础，数学的学习最重要的是训练。我认为，选择三本左右习题集主攻即可，量大可能会导致压力过大，而压力过大则会使人更加懒惰，失去斗志。可以在此基础上再做一些延伸，可以选取一些较为新颖的题目进行训练。碰到题目不会做的问题，绝大部分原因是训练得少，所以应该多做习题，从而达到熟能生巧的境界，在面对各种题目时有似曾相识的感觉，游刃有余、从容不迫地攻克各类题目。

（三）查漏补缺，各个击破

查漏补缺非常重要，可以准备一本错题集，将错题和自己觉得有困难的题汇总在一起，反复观看，从而形成对这类题的清晰的解题思路。可以针对自己的薄弱环节进行专门的训练，几何薄弱就多训练几何题，一定要做到对症下药，精准施策，这样可以大大提高自己的学习效率，避免眉毛胡子一把抓，将宝贵的学习时间浪费在重复和无意义的事情上。

（四）摸索技巧，学会"偷懒"

在做一些小题的时候，我还喜欢用代特值的方法，比如选择一个满足题目要求的区间，可以采取代临界值的方式快速做出选择。在大量做题的基础上，可以总结出很多类似的小技巧，从而大大提升做题速度。

三、英语

（一）强基固本，提升能力

英语学习，词汇学习是重中之重。高中时我随身携带一本单词速记手册，闲暇时便拿出来，一遍一遍地背诵巩固，甚至我还会充分利用每天的跑操时间来背诵单词。语法的学习也至关重要，语法的学习有助于我们分析理解长难句，从而提升我们的解题能力。

（二）日积月累，灵活运用

英语学习也需要日积月累。除了掌握课本上一些基本的词汇和语法知识，日常我还会在我的英语笔记本中积累一些在平时的阅读和学习中遇到的生僻的单词、相似的单词或短语、高级词汇、优美句子和语法表达，适时将其运用在英语写作中，从而提升自己的写作水平。形成自己的笔记后，可以在反复翻看和记忆中将知识填充进大脑里。还可以积累一些作文的模板，并将其灵活运用在自己的写作中，形成独具特色、精彩纷呈的表达。

（三）拓展形式，劳逸结合

英语的学习不应仅限于课本，而应加大阅读量，可以劳逸结合，适当阅读一些英文杂志，闲暇之余可以观看一些英文电影，这样可以高效而又毫不费力地提高英语语感和水平，也有利于我们更加投入学习中。

（四）掌握技巧，学会应试

英语阅读题量大，而做题时间是有限的，就需要我们掌握一些做题技巧。在做阅读题时，可以先扫读一遍题目，带着题目去阅读文章，这样，在阅读时才能有所侧重，同时要学会抓关键词，从而更高效地做出选择。而完形填空可以先通览全文，形成对文章的基本的理解和认识。我认为写英语作文，字迹的工整度也十分重要，记得高中时的我，专门在学校附近的书店里买了一本英文字帖，在想放松大脑时便拿出来临摹。

做题时要遵循先易后难的原则，遇到让人纠结的题目时可以先跳过，不要因为一道题而浪费做后面的简单的题的时间，可以在难题上做标记，等题目全部做完一遍再回头看这些难题，可能会有豁然开朗的感觉。

（五）学会反思，对症下药

每次做完训练，都要及时反思和总结错题原因，并查漏补缺，比如：没有认真审题；没有关注文中的细节，而是以自己的感觉进行了选择；等等。

四、文综

记得高中班主任时常和我们说："得文综者得天下。"文综的重要性不言而喻。

（一）政治

1. 基于理解，熟记知识。

高中的时候，我几乎把政治课本上的所有知识点都熟记于心。而对知识点的记忆和掌握应该是建立在充分理解的基础上的。

2. 扩展知识，关注时政。

不能仅限于学习课本上的知识，而应扩展知识面，可以多关注《人民日报》《半月谈》《新闻联播》等，在关注各类时事新闻中培养自己的政治素养。

3. 把握题目，调动学习。

对于选择题，有时在面对某个题目时可能会陷入纠结，这就需要我们对每个选项进行深入分析和理解，甄别和筛选，同时需要我们对题目加以把握，这就需要我们调动日常学习到的知识以及培养出来的政治素养。而主观题答题的范围较广，则需要我们在头脑中建立完整的知识框架，使自己对知识有全面的把握，在答题过程中认真阅读材料和问题，调动自己已有的知识体系，并对知识点进行分类、总结和概括。切记答题要全面，从多角度、多方面考虑问题，必要时还要结合材料加以阐述。

（二）历史

1. 形成脉络，汇总规律。

历史很讲究阶段性，一定要形成一条贯穿古今的时间轴，把握不同时间段、不同事件的特点，以及事件发展的规律。

2. 扩展延伸，提升素养。

历史的学习也需要在掌握课本知识的基础上对知识进行扩展延伸，可以阅读一些课外书来扩展自己的知识面。文综考试实际上是考查一个人的知识面，仅限于学习课本上的知识不足以应对广泛的考试范围，需要在不断的阅读和学习中，完善自己的知识体系，形成自己对历史的深刻认识和思考。而对材料的解读和提取，也需要我们有较高的历史文化素养。

（三）地理

1. 掌握模式，贯通知识。

地理的学习更依赖于理性思维，其与数理化一样有相对固定的模式和突破口，所以学好地理，最重要的掌握答题的模式和套路。记得高中的时候，我们人手一本地图册，在地理学习中，我们应形成对地理的整体认识，可以把多个角度的知识点汇总起来，比如学习区域地理时，应该将经纬度、海陆位置、洋流、气候特征、地形地貌、地势等结合在一起，将知识融会贯通。地理基本功足够扎实，才能从容不迫、游刃有余地应对各种题目。

2. 归纳总结，形成笔记。

在平时的学习中或者在有效的训练之后，可以将学习到的答题模板或知识点记录下来，形成适合自己的笔记和错题集。

不光地理，任何学科都应该形成自己的笔记本和错题集，并且在平时可以多翻阅几次，这样不仅有利于巩固知识，还有利于总结和反思学习成果。文科的学习，背诵是基本功，应该花大量的时间和精力背诵和记忆知识点，在此基础上进行提升，而背诵也是讲究技巧的，应该抓住关键词理解性记忆，这样可以大大提高学习效率。

记得高三那年，每周语文老师都会让我们在一节自习课上写一篇随笔，红格稿纸上写着我对青春的无限感知和憧憬。其中有一篇随笔，具体内容已经在我记忆中模糊了，只记得自己说高考像是我美好的青春年华中一道难以逾越的坎，但老师的评语依然在我的记忆里清晰可见:"等你经历过高考以后,你就会发现,其实这一切都不算什么。"高考也好,人生的其他沟沟坎坎也罢,在我绚烂盛大的青春华章里,都只是一个毫不起眼的音符。而我,无论在任何时候,身处怎样的困境,都从不缺乏从头再来的勇气。

有时也会怀念,那段无忧无虑的时光,那段充斥着我的快乐、平和与纯粹的时光,学习到新的知识,感觉自己在日渐进步,与理想越走越近,可能是我感觉到的最真切的愉悦,或许大多数人会觉得学习是一件枯燥乏味的事情,但收获本身就是一种幸福。有时也会因为老师的一句玩笑浑身抽搐地笑个半天,那份快乐久久挥之不去,萦绕身旁。记得有一次周测,我们班整体的数学成绩都很不错,数学老师一本正经地说:"我觉得照这样下去,你们都能上清华北大!"全班捧腹大笑,空气中洋溢着无与伦比的轻松和愉快,那种感觉至今仍难以忘却,历久弥新,让人回味无穷。

如今,有幸在中文系耕读了数年的我,不仅收获了一份安身立命的技能,还保留了一份结结实实的爱与守候。无论季节的潮汐如何侵袭,我的风发意气,赤诚勇敢都未曾退却和泯灭,它使我"历尽千帆,归来仍少年",使我在踽踽独行,在不可避免地面对复杂时,也能保持清醒与理性,明辨是非,做出无愧于心的选择。

最令我动容的是北京的深秋，深秋是这座千年古都韵味最浓重的季节，宫阙楼宇的红砖绿瓦与肆意飘零的金黄落叶相映成趣，而人大的深秋是北京的深秋的缩影。校园里随处可见的银杏树被秋风浸染成一片金黄，秋风中还掺杂着雨后芬芳的泥土气息，随风飘散的银杏叶又将校园装扮得别有一番风味……

彼时孜孜以求，觉得难以企及的风景，在我日复一日的辛勤耕耘下，终于成为目之所及的永恒，我将它们贪婪地尽收眼底。曾几何时，这一切对于作为小镇青年的我来说，还仅仅存在于幻想中，自己只是一个劲地将头埋在书山题海中，去书写和探索一个不确定的未来。努力的意义大概于此，它不止垒了一条去名校的道路，还让少年人拥有了更多选择的权利和书写人生的勇气。自己能清楚地感觉到自己的命运是牢牢掌握在自己的手中的，这种安全感可以让我前行的脚步更加铿锵有力，让我更有勇气面对未来的种种，而我也愈发相信努力的力量。

慢慢有了依恋，在每个栉风沐雨、风尘仆仆赶路的日子里，都会有回忆猛然涌上心头，或者倏然在梦里重逢。岁月如梭，青春若梦，可以心无旁骛地获取知识，可以畅意地做一个波澜壮阔的梦的日子如电影情节一般时常在我脑海放映。而我，在奋力拔节中逐渐成长，心智不断成熟、意志日益坚强。

　　回忆总是步履轻盈地爬入我的梦里，易散而永恒，而我，可以无悔而坦然地说：我已经用尽我的所有做到了我能做到的最好。我坚守着我的坚守，执着着我的执着，从未改变。

乘风破浪，万里可期

◇ 严咏华

推开教室的窗户往外望，是炽热的阳光，翠绿绵延的爬山虎，热闹的草坪。在这骊歌唱响的六月，毕业生们纷纷穿上了学位服，和伙伴们一同在教学楼前的大草坪上合影留念。有的是寝室出行，摆着各种搞怪的造型，三四年的舍友情谊在快门中定格；有的则是一整个社团出动，低年级的社团成员给毕业的师兄师姐们送上毕业祝福，这片草坪可能是他们平日里社团活动的重要根据地；还有的是师门齐聚，毕业生们围绕着站在最中间的老教授，老师满脸欣慰地给大家拨穗……在这片被打上"毕业限定"标签的草坪上，爽朗的欢笑声、搞怪的尖叫声、不舍的啜泣声和此起彼伏的蝉鸣融为一体，演奏出一首夏日独有的交响曲。

大学毕业季的景象其乐融融，每年六月路过这热闹的草坪时都让我思绪万千："师兄师姐们已经准备开启新的征程，乘风破浪了。"如同白驹过隙，如今的我也成了这毕业季的主角。"乘风破浪，万里可期"——这是毕业典礼当天，我在操场留言板上写给自己的毕业寄语。同样是毕业典礼，就容易勾起相似的回忆。数年前的高三毕业典礼，同样是一个夏日，我们在学校的礼堂前面，排好队准备拍毕业照。那时候并没有厚重的毕业学位服，一切都是青涩的模样。当时高考成绩已出，自然是几家欢喜几家愁，但大家的脸上都多少洋溢着对未来大学生活的期待。经历了大大小小的各种考试，最后参加了高考，大家总算是历经百战，乘风破浪，准备驶向新的征途了。

　　夏天对我们而言是特殊的，中考、高考、大学毕业，许多重要的人生转折都发生在夏天。无处可藏的炎热意味着过往的终结和新生活的开启，促使我们乘风破浪、奔赴未来。其中，高考这个节点的重要性不言而喻，很大程度上影响了我们未来的人生方向。回忆高中时期的三年，我的学习基础是由日复一日的努力浇筑而成的。虽然时过境迁，在我在中山大学读本科和在中国人民大学法学院读研的这几年，高考科目的考查内容和题型都有了不小的变化，但我相信其中的一些学习技巧依然能够适用，希望能够帮助你在这人生的重要阶段乘风破浪。

凡事预则立，不预则废

我的高中在当地被称为属于"军事化管理"的中学，早读、早练、晚修、周测……学生的每天都被安排得满满当当。在这种情况下，似乎可以"解放大脑"，完全不需要自己另做计划了——但其实不然。学校的各方面安排最多是"硬性安排"，如果自己完全不去思考如何在既定安排下做有针对性的学习计划，学习就缺乏了主观能动性，难以行稳致远。以高中三年最为重要的高三为例，高三以复习为主，主要课程都在高一和高二学完了，长达一年的复习可能会让不少同学觉得厌烦，此时没有计划就可能会"不预则废"，浪费了巩固知识的宝贵时间。因此在我看来，自我计划是非常重要的，而且需要同时做好长期计划和短期计划。

就长期计划而言，高三的复习可以分为一轮复习、二轮复习和三轮复习三个阶段。每轮复习各有各的特点，也有各自的注意事项。一轮复习以重温知识为主，因为不少高考考查内容都是在高一就学了，难免会出现遗忘的现象，所以，在这个阶段可以把学过的知识一点点"捡回来"。因此，一轮复习的特点就是复习的知识量大，并且耗时最长。在一轮复习期间，全面总结是最重要的，要力争不留下知识盲区，不可急于求成，否则，就失去了本阶段复习的意义。我在一轮复习的期间，甚至把高一高二做过的卷子都翻出来了，对照高考大纲一一检查是否还有我感到困难的内容。当然，一轮复习注重全面而非细节，不必强求每个知识点都精通，对于一些难点，可以先记录下来留在二轮复习一一攻破。这也顺理成章地说明了二轮复习的特点——专题形式，有所侧重。进入二轮复习，就无需像一轮复习一样面面俱到了，而是要以重难点为主，以一个个专题的形式深入复习。虽然是专题的形式，但也要注意"串珠成线"，在复习过程中搭建起自己的知识框架，这样才能够在做题时迅速调动脑海中的知识。在考前最后一个半月左右的时间，就是三轮复习。在这个阶段，主要做的事情就是放平心态，全力冲刺。经历前两轮的复习，知识基础已经比较扎实了，最重要的保持题感，反复刷题，不至于在考场上碰到类似的题型时感到生疏。我在三轮复习的时候，学校每周安排两次模拟考，让我们在高强度的考场训练和考题讲评中保持良好的备考状态。

长期计划是躯干，短期计划是枝叶。学校一般会安排好每轮复习的开始和结束时间，但平日里的自习时间还需要我们自己来安排，是复习白天老师讲的课程内容，还是盘点上次考试的错题，抑或是做一些新题，这都是我们短期计划应该顾及的地方。我会利用好我的日程本，每周的周日晚上根据本周计划的完成情况以及下周学校的安排（例如是否有重要考试等），初步制订下周每天的安排，例如周一重点学数学，周二练作文等。在每天下午上完课后，我会在晚饭前制订晚上的自习计划，例如第一节晚自习把作业写完，第二节晚自习更正作业的错题并练习同类型错题，第三节晚自习学数学的圆锥曲线专题。除此之外，我还会安排一些"固定节目"，例如每周的周一、三、五抽时间背英语单词，周二和周四摘抄三则作文素材等。这些"固定节目"能够让我把碎片化时间都利用起来，而且形成可持续的学习机制。

当然，制订计划只是第一步，关键在于能否落实。在每一轮复习的开始之前，我都会制订好该轮复习的每个月要完成的目标（每门科目熟练掌握哪几个专题、重要考试的目标分等），然后向老师请教，请老师从他对学生的了解角度来判断这个计划是否可行。而对于短期计划，我会根据每天的完成情况及时调整，避免计划过重挫伤学习积极性，又或者计划不充实导致留下了大量空白时间等。相信科学可行的计划，能让原本枯燥的每一天都变得更加充实有意义，会让我们觉得每天都是为了实现自己的"小目标"而努力，完成计划的时候既有成就感，又能够让我们在日积月累中不断进步。

操千曲而后晓声，观千剑而后识器

作为文科生，我深刻理解"刻苦练习"这几个字的分量。知识点需要反复背诵才能记住，难题也需要反复训练才能掌握。只有在刻苦练习中见到更多的题目，才能克服对难题的恐惧，这也正是刷题的价值。当然，"题海战术"不可取，怎么选择要刷的题目、怎么去做要刷的题目、怎么总结刷好的题目三点都很关键。

首先，刷题是刷什么题？在刷题的时候，我将老师发的资料、本省市的往年高考真题（我当年是全国一卷）、平时的考试试卷里的题目列为"必刷题"，因为这些题要么是经过历史检验、要么是老师根据考情精选出来的题目，能够很大程度上预测今年高考的趋势，而且也节省了选择的时间成本，于我而言是必须做两遍以上的题目。而其他省市的往年高考真题、知名学校出的模拟考题、质量高的辅导书等，是"选刷题"。做这些题目能够让我们对知识的理解更全面，也能从不同的出题角度打开新思路。

其次，怎么去做要刷的题目？最重要的是要分配好时间，做到质量与效率并重。刷题的时候要注意保持"考场状态"，不宜在同一道题目上花费过多时间钻研，否则就失去了通过刷题实现模拟考试的效果。例如我当时要求自己做一套文科数学的选择题和填空题（12个选择、4个填空）不超过45分钟，其中选择题和填空题的最后一题如果3分钟以内都没有思路就先放弃。

最后也是最重要的是，刷题之后应当如何总结？对于每个科目，我都做了对应的刷题笔记，而且是使用活页本记录，这样能够方便我随时在对应的分类中添加新页，复习的时候也更加清晰。我的刷题笔记本不仅有错题的总结，还有我认为比较经典的、常考的母题总结。即便是不少人认为不用做笔记的数学，我也有对应的笔记本：封面是"公式定理荟萃"，汇总了三角函数、求导公式、几何证明定理等做题时用到的高频公式；里面是按专题分类的笔记，既有课堂上的经典例题，也有解题时的经典方法（如圆锥曲线解题常用设而不求的方法）。在每个专题的例题后面，都有相应的错题，而且为了做到精准总结，我只收集好题精题，对于一些比较冷门、生僻的错题，一般都不收录进笔记本。文科的刷题笔记也一样，我的文科笔记本也是按专题总结的。

"制订计划—刷题总结—制订新计划"，如此循环反复，看似简单，实则不易。但是坚持下来，定有水滴石穿之功。我至今还记得高考前的那个夏天，教室只有百叶扇，没有空调，在广东37℃的高温里心无旁骛刷题的那份坚持。那时候的每天,似乎都是往返于教室、食堂、寝室的"三点一线",但其中的每点每滴都弥足珍贵。考试失利后老师的鼓励、晚自习结束后宿舍的短暂而欢愉的夜谈、去食堂路上和朋友兴致勃勃的讨论……往昔锈迹斑斑,却又灿烂如金,一生中最勤奋的青春时刻也不过如此。"你若乘风破浪,必能万里可期",搁笔至此,希望看到这里的你,能够多一份破浪前行的勇气。

从笔间到心间：
关于自我探索的成长之旅

◇ 刘妍言

2023年3月，在上海交通大学闵行校区霍英东体育馆里，穿着硕士学位服的毕业生们汇聚在看台上，欢呼着，庆祝着，彼此祝福着，共同为自己19年来的寒窗苦读画下圆满的句点。我凝视着手中的硕士学位证和脖子上挂着的代表着"上海市优秀毕业生"的毕业荣誉绳，思绪飘散到了2013年。当时那个15岁的少女一定想不到，她的命运齿轮在一个无意间的小小尝试下不断转动。

青春是一段充满挑战与机遇的旅程，每个人都在其中寻找自我，不断探索。从高一到研三，是人生中尤为关键的一段成长时期，这场漫长而又精彩的成长之旅，不仅关乎年龄的增加与知识的积累，更是自我探索的重要阶段，毕竟，这才是围绕你人生的永恒而深刻的课题。

每个人都有闪光点

我初高中就读的北京十一学校以素质教育闻名全国。从 2013 年开始，学校便取消了固定班级制度，开始推行像大学一样的"选课走班"制，同时鼓励同学们在课余时间积极参与学校的各类体育艺术活动。可是对于青春期时内向腼腆的我来说，学校里的热闹繁华都是属于"E人"同学们的，与我这种成绩一般、性格内向、外表普通的"小透明"没有任何关系。

直到一次意外的尝试，我才发现了自己一直被忽视的"闪光点"：写作。在潜移默化的影响下，我的人生的轨迹也在不知不觉中发生改变。2013 年我上高一，在语文课上，老师让我们练习当年的北京高考作文《爱迪生如何看待手机》。当时网络上流行"穿越文"，我便写了一个"爱迪生穿越成为现代中学生，看到了手机的两面性"的故事，意外被选为年级范文。课间，我走在走廊上，听见两个同学在议论本次的年级范文，有一个和我互不相识的同学夸我这篇文章写得有意思，让偷听的我体验到了一把暗爽的感觉：想不到吧，你夸的文章作者就站在你身边。

之后，我对待作文从原来的"无所谓"变得越来越认真，经常写出年级范文，后来老师推荐我参加"春蕾杯"作文比赛，又意外地获得了全国二等奖。在发现自己的写作天赋之后，我又开始尝试报其他作文比赛，逐渐地，我好像摸清了写作文的"套路"，越来越得心应手，在高二时斩获了第十届全国中小学生创新作文大赛总决赛一等奖。

写作方法三部曲

我认为，所有的写作方法都可以归纳为以下三个步骤：一是破题和立意，二是构思大纲，三是开始动笔。

首先说破题和立意。在应试教育规定题目的框架里，有一个能够让阅卷老师眼前一亮的巧妙创意非常重要。建议所有同学在收到语文卷子的那一刻，先翻开作文再做前面的题，这样你在做题的同时，大脑"潜意识"有充分的时间思考作文题目，一般题破了，主题也自然而然地立了。我归纳了一下自己的破题和立意方法，一是从日常生活中的常见事物中发现不一样的内涵，比如有一次期末考试的作文题目是《我为＿＿＿＿代言》，同学们写的都是老生常谈的题目，比如《我为自己代言》《我为诚信代言》等，但是我写的是《我为火锅代言》，讲述火锅中蕴含的一些生活哲理。

　　二是选择"类型+X"的方式思考，此处的"类型"为一些常见的记叙文主题，如情感（友情、亲情、师生情）、励志（从不想学习到好好学习）、传承（文化传承、梦想传承）等，"X"为一些带有新意的正能量元素。比如2016年北京高考语文作文记叙文《神奇的书签》限定了"书签"，破题要思考"书签哪里神奇"，立意要思考"如何升华"，很不好写，因此很多同学为了稳妥选择了议论文。但是我从"励志+女权主义"角度思考，撰写了一个山区重男轻女家庭出身的姐姐因为拥有"能够进入书中世界的书签"而见识到了更大的世界，从而自强自立、通过读书改变命运的故事，获得45分。

　　第二步构思大纲，就是搭建整篇作文的"骨架"。一定要在动笔前想清楚你的全文结构，以及每一段的大致结构，并在作文试题卷上简单列好，否则很可能出现考试过程中不知道怎么写的情况，极其致命。第一段开头建议直接开门见山引入主题，公式为"名言引用+有文采的深入阐释+引入主题"。最后一段结尾，只要切题并简单升华即可。如果你的破题和立意很有创意，在这一步就赢了。

　　中间的段落如果结构工整、有思考、有文采便能拿下高分。议论文写作的中间段落有两个方法：一是从题目中提取正反两方观点分别论述，最后找到一个"二元统一"的论点进行升华。高中时我写过一篇作文《生活在别处》，我分别论述了"生活在别处"的优点和缺点后，升华到了一个和谐的解决方案：不要再让"生活在别处"成为禁锢，要听从自己最真实的内心，选择最适合自己的生活。二是从这个题目中思考递进式的论点。比如在《我为火锅代言》中，我从火锅的功用（冬天驱散寒冷）、吃法（吃每一种食材的时机不同，悟出生活经验）与烹饪方法（筹备一桌火锅的前中后期准备体现了古人的精神追求）三个方面递进论述，由浅入深地逐步升华。

记叙文写作就要灵活得多了，通常从"起承转合"四个角度思考，可以一句话概括为"一个人想达到什么目标，在过程中遇到了什么困难，最后又怎么解决，总结出了什么道理"。但是也可以和议论文的两个写作思路结合，一个人在一件事中观察到了两个角度，经过挣扎思考后最后悟出了一个"二元统一"的观点，或者是一个人在一件事中通过由浅至深的探索，悟出了一个道理。

第三步开始动笔，围绕你的"骨架"来填充"血肉"。在议论文写作中，大家都知道段落的"万能公式"：论点＋生动地阐释＋插入显得你很有文化的典故／例子。而记叙文写作中，最重要的是你拥有生动的文笔。"生动"，在一篇文章中至关重要。我觉得核心离不开三个方法：一是有镜头感地描写，想象自己在看电影，导演先切到什么镜头，然后再切到什么镜头，你只需要在写作中把这几个镜头连续起来。二是五感描写法，想象你的视觉、听觉、嗅觉、触觉甚至味觉来感受的场景，描写自己的感受。三是能够共情。当一个人产生情感波动时，心理和生理都会有所反应，把自己代入想象，记录下来即可。

丰富多彩的本硕生活

高三上学期的 12 月份，中国传媒大学来我们学校进行招生宣讲，本来只是闲来无事去听一听，却因为这次无心之举，确定了自己的目标学校和专业。在没有参加任何艺考机构培训的情况下，我"裸考"拿到了中国传媒大学戏剧影视文学专业的艺考合格证，并在 2016 年高考中获得语文 136 分的高分，顺利入学。

大学的生活和高中阶段很不一样，中国传媒大学作为传媒界最高学府，给每个同学都提供了丰富的自我展示和锻炼的机会。在本科专业戏剧影视文学的学习中，我不仅学习了影视剧编剧技巧，也尝试担任了戏剧演员、短片制片人等不同角色，体验了影视制作各个环节的流程。除此之外，我还一直利用学校提供的各类机会积极探索传媒领域的不同行业。我在大一、大二的暑假完成了广播电视编导（电视编辑方向）双学位的学习。大二时，我担任学校校友会《传媒人》杂志的执行主编，采访了《中国式关系》编剧张蕾、《快把我哥带走》编剧柳霜霏等在各自领域有所成就的青年校友，并面向全校师生和全体校友发行了两期杂志。除此之外，我还参与了诸多校级晚会的导演组工作，看到自己精心设计的节目在舞台上顺利展出，内心十分自豪。

顺利保研到上海交通大学之后，我又体验到和本科截然不同的研究生生活。我所在的文创学院是上海交大与美国南加州大学中外联合办学，能够获得两个学校的硕士学位证。在交大，我学习的是新闻与传播专业；在南加大，我学习的是商业分析专业。鉴于交大的理工强校特色与南加州大学马歇尔商学院的商科优势，学院对我们的培养更加注重定量研究，和我在本科掌握的传媒实践性的知识相辅相成，帮助我构建了一个综合的大文科知识体系和研究方法论。

上海交通大学 125 周年校庆时，我作为《积厚流光》校史剧的学生导演助理，配合上海话剧艺术中心的导演老师管理学生演员和在校排练工作。在入学前，我对交大可以说是一无所知，通过这段校史剧助理的工作，我对交大的历史文化积淀和交大精神有了全面的了解，更加深刻地理解了"选择交大就是选择了责任"这句话的重量。交大赋予我的不仅仅是学术研究中定量分析方法的运用，还有理性的逻辑思维，和像校风一样沉稳踏实的做事风格。

"人最大的遗憾是不能同时拥有青春，和对青春的感受。"从高一到研三，在不断探索、不断尝试的道路上，不知不觉地，我从一个普通的高一女生成长得更加自信、更加优秀。当我意识到我已经成长为今天的自己时，十年的时光已经悄悄溜走了。祝愿你我不负春光，积极向内探索自我，勇敢向外探索世界。

高考回忆录

◇ 王 月

高考,一个刻入中国人骨髓的标志性事件,每一名参加高考的人都无法避免地为它喜,为它愁。在备考阶段,大约是不可避免地痛苦大过喜悦。

可能对于每一个高考生来说,最令人痛苦的不是从天将明到深夜的超长线战斗,也不是累积成山看不到头的作业题海,而是毫无缘由下降的排名。在当前的高考机制下,某种意义上说,分数不是王道,排名才是"硬通货",因此,每次成绩张榜的时候,大家第一眼看的往往都是自己的本次排名,而后再关注分数。这种情况下,如果在备考过程中,成绩排名能稳步提升,便是对考生最大的慰藉;如果成绩始终原地踏步,则会忍不住灰心,认为或许自己天赋有限无力提升,只能通过更加拼命学习,才能够收获一个相对满意的结果。而最痛苦的情况是，你每天都在认真学习，不曾懈怠，但考试成绩却毫无缘由地一降再降，完全不理解问题到底出现在哪里。

　　我的高考备考生涯就有这样的经历，甚至比上面的描述还要跌宕起伏，我自己把这个过程命名为"过山车式备考"，现在的我回想当时，那种惊心动魄的感觉依然让我忍不住心跳加速。高二文理分科以来，我便进入了文科实验班，经过一段时间的摸索和适应后，我的成绩基本稳定在了班级前十、年级前二十，考试发挥虽有好有坏，但整体是在这一范围内波动。然后，从高三上学期的期末考到二模考试，我的成绩一落千丈，和我的高考目标需要的成绩有了一定差距，目标大学也已经成了遥不可及的梦。二模结束已经是4月底，距离最终的高考只有不足50天，此刻学习成绩崩溃意味着过往的辉煌和荣誉都付诸东流，我的骄傲和自尊也被狠狠碾碎。

　　后来有无数次回想起这段经历，我都不由得要感谢当初自信破碎又重建，挣扎着爬起来了的自己。有那么一瞬间我真的想过破罐子破摔，反正也不知道问题出在哪儿，那就索性不管了，接受自己就是一个失败者，然后自暴自弃，随波逐流，也未尝不是一种选择。庆幸的是这种念头只在我的脑海中短暂停留，便被我的不甘心赶走了。是的，我不甘心，我不甘心自己十余年的寒窗苦读得到这种荒谬的结局，不甘心看到父母急在心里却不敢苛责我的眼神，不甘心就这么远离一直和我一起奋斗的朋友们。因此，我努力去剖析自身，克服了这将近半年来的失败对我的打击，决心要重新开始战斗，于是，我又继续夜以继日地学习。说到这里，可能很多人觉得故事已经接近尾声，结果无非是无效努力，继续退步，彻底泯然众人；抑或是涅槃重生，找回自己，完美结束高考。事实上，最终结果的确是后者，但在实现这一结果之前，还有着相当复杂的过程。正如上文所说，既然是"过山车"式的经历，那怎么能只有激烈俯冲，没有急速爬升呢？

　　二模的结束意味着三模的开始，这代表着高考前为期一个月的连续大型考试拉开了帷幕。在未来的一个月，平均2-3天一个周期，考试、出成绩、讲试卷、再考试，周而复始，直到考到麻木，完全适应大型考试的强度。二模结束后紧接着的一场考试的成绩公布后，我瞪大了眼睛，怀疑班里是不是在自己不知道的情况下来了一个跟我重名的转校生，这种震惊程度毫不夸张，因为成绩单上的第二名，显示的是我的名字。很难用言语形容我当时的震撼，距离二模考试仅仅过了三天的时间，就发生了如此剧烈的变化，而我这三天甚至没怎么来得及学习。我想或许这次巧合是上天看我太可怜了对我的恩赐，虽然不代表任何实际意义，但至少扭转了我过去半年一直灰心的状态，也许这就是一个信号，告诉我前路未定，还要我自己去一步步走完。在后续的好多次考试中，我的成绩排名也是一直处在高位，从未跌出前三，也慢慢听到了我们班出了个黑马的流言。

可能很多人都觉得我非常开心，但并非如此，我自己心里清楚地知道，这不是我的真实水平，就如同我相信之前的退步是种种因素导致，而非我自身的学习能力下降一般，现在辉煌的排名也不代表着我的学习水平得到了质的提高，我还是我，只是我自己也控制不了考试结果。因此，在感受了考出好成绩短暂的开心后，我又陷入了不断的惶恐，对我来说，哪怕知道自己的水平到底如何，也控制不了最后的成绩，这意味着每次考试对我来说都像是在"开盲盒"，谁也无法保证在最终的高考，我会开出怎样的盲盒，只能祈祷希望自己运气好一些，能够收获一个好结果。而这一结果似乎与我过往的寒窗苦读没有关系，这怎么不让人痛苦和灰心呢？这种矛盾纠结的心态一直持续到高考结束才得以解脱，而巧妙的是，最终的考试结果不好不坏，怎么都没有想到，被折磨了大半年后，我终于在最终的高考发挥出了自己的真实水平，顺利进入山东大学的殿堂。

那段日子真的很苦，苦到时隔多年后再回想当时，依然有一种心脏被狠狠撅住的窒息感，能熬过那段时间，除了拼命给自己积极的心理暗示外，最重要的是我的家人和朋友的陪伴。印象里当初每次周末回家，自己的气压都特别低，始终处于一种在暴躁的状态，爸妈心疼我，只能默默忍受我压制不住的戾气，不仅没有责备我，还耐心地宽慰我，让我可以在家里好好吃饭，好好休息，补充好能量再回到学校继续战斗，做我艰难时期的避风港。除了开明体贴的父母，还有我珍贵的、亲爱的朋友们。无论是在学校里的时候还是毕业之后，我也时常听到诸如"高考一个班的都是对手，你退步别人就进步，所以必须时刻防备，多藏私"这样的话，我也的确亲眼见到了很多这样的现实情况，鉴于高考对个人人生的重要性，这样的想法和做法或许也无可厚非，只是太过于冷冰冰。幸运的是，在备战高考的长时间线里，我有一群真心并肩作战的朋友，尽管大家同处一班，在考试排名中是直接的竞争关系，但我们都深知，在高考的战场上，我们的对手绝非彼此，而是全省的数十万考生。因此，我们互相扶持、互相取暖、互相提高，分享彼此珍贵的学习笔记，一起攻克各科难题，随时互相讲解自己擅长的知识点，达到大家一起进步、同时提高的效果。朋友们于我而言，除了在学习上提供帮助，更重要的是在精神上提供支持与陪伴。在我成绩不断退步导致长达近半年的消沉的时间里，我的朋友们对我不离不弃，没有因为我的落后就觉得我失去了"价值",进而不屑与我为伍;相反的是,她们不断鼓励我、帮助我,随时帮我分析错题、总结薄弱点,并且在我落寞的时候拉着我去操场散步吹风,舒缓压力,一点点开导我,及时把我从痛苦的深渊中拉出来,重拾信心,继续战斗。现在回想起来依然觉得自己很幸运,在那段艰难的时光,有家人作为后盾,朋友的支持,让我能够有勇气、有底气重新站起来,翻越了眼前看似不可攀登的山峦,也为略显灰暗冰冷的备考画卷涂抹上了鲜艳温暖的色彩。

　　备考过程中,除了对心态和抗压能力的磨炼,最基础的当然还是日常学习,能够掌握高效的学习方法,对于提高成绩可谓事半功倍。根据我的备考经验,对于三大主科的学习技巧总结了几点心得和大家分享。

　　语文科目,首先要做到的就是足够的积累,这种积累包括对基础知识的积累和阅读能力的积累。换言之,对基础的字音、字形、词语的掌握不可松懈,至少需要把大纲的范围全部细致掌握,避免在基础内容上丢分。此外,一定要注意提高阅读能力,现代文和古代文都需要多读,高考语文中对阅读相关的考查比重很大,只有在日常生活中注意多读书,才能提高在考试中的阅读速度和准确性,做到快速、准确地领会出题人的思路,提高答题效率,同时增加作文素材的储备。

数学科目，最重要的是掌握基本内容并及时复盘错题。相信大家都听过类似这样的玩笑，"数学课上只是低头捡了个笔，抬头之后发现课再也跟不上了"。虽然这样的说法有些极端，但反映出的是数学的一个重要特点：牵一发而动全身。虽然整体的知识点不算很多，但是各个点之间都有密切联系，一旦中间学习中断，前后的点就衔接不起来，那么再往后学新东西，想要顺利掌握就相当困难了。这就要求我们在学习的时候，一定要了解自己的薄弱点，并及时攻克。除此之外，错题本对数学这一科也是不可或缺的，数学考试中除了某几道特殊题目，剩下的都是万变不离其宗。因此，我们需要把每个知识点可能涉及的题型以及自己出错的题型都整理下来，确保研究透彻，这样在考试的时候看到题目就会有一种"亲切感"，能够从容应对。

　　英语科目和语文科目比较相似，核心还是基础和阅读，基础内容自不用说，单词、词组、句型、时态等，都是不能含糊必须掌握的，这些也是提高阅读能力的关键。英语考试中，阅读所占比重极大，提高阅读能力，攻克完形填空和阅读理解等题型，可以说就已经成功了一大半。想要提高阅读能力，除了掌握必要的基础知识，更重要的是学会快速翻译，即在阅读英文原文的时候，能够快速反应出它们的汉语意思，用汉语去答题。而这就要求我们必须不厌其烦,把每次作业、每次考试中的阅读篇章都细致翻译出来。翻译的过程也是巩固单词、句型等基础知识的过程,尽管这个过程会很烦琐,很费时,但只要坚持下去,攻克临界点,就会发现自己在考试中面对新题目时,会有一种熟悉感,可以从容、快速、准确地作答,不再慌乱。

  高考结束后我的每一段经历都刻骨铭心,但高考作为我人生的里程碑的意义无可代替,它教会了我不可眼高于顶也不可妄自菲薄,如果挫折不可避免,就要奋起反击。在时间长河中,我们要做自己的掌舵者。

高中的你,是等待破壳的珍珠

◇罗 著

现在的我正坐在北大图书馆里,回望我的高中时代。

高中的时候,我也偷偷做过北大梦,没有声张、私藏心底,只敢将印有北大的海报贴在出租屋的桌子上,然后再用堆积如山的练习册掩盖住。

但我们要相信人类强大的内驱力。很多时候,那些难以完成的任务,只要不放弃,总有攻克的一天。虽然可能会历经曲折,耗费多年的精力,碰到层层阻碍,但只要最终的目标实现了,付出再多的艰辛也是值得的!

如果你也和我一样,拥有如此宏大且艰巨的目标,可以从以下四个层面着手。

一、首先,我们需要认识自己

这需要我们实事求是地自我剖析,分析自己的优势和劣势。

在高中初期，需要结合初中情况、自身体验以及个人兴趣，了解自己擅长的科目。比如，在初中的时候，我就发现政治和历史是我更擅长的科目，我具有较强的文字组织、表达能力，能迅速捕捉题眼和关键词。上了高中后，由于在初中就打下了坚实的基础，我甚至无需花费太多精力在背诵和记忆上，只需完善自己的知识框架即可。

但我认为我还是太晚做出选择了。我是在高一上学期期末考试结束后才决定选择读文科的，这主要还是因为我没能好好地认识自己。

我的高中是省重点中学，是一所以强劲的理科闻名省内的高中，学理风气极盛。大多数同学都选择了物化生，特别是物理，简直就是我们学校的金字招牌。可是，上了高中后，难度陡然上升的物理突然变成了我的短板。

我天生就要强，这一特性在大多时候属于"坚韧不拔"的品质，但在一些时刻又体现为"顽固及执拗"。当时的我抱着"我就不信我学不好物理"的心态，每天都死磕物理，几乎抛弃了其他科目的学习。这就造成了我第一学期总排名很不理想，也使我浪费了学习优势科目的时间。最后还是老师们慧眼如炬、力挽狂澜。在询问多位老师的建议后，我最终还是选择了文科。

正在读这篇文章的你，希望能吸取我的教训，可以从他者视角去认识自身，寻求第三方（主要是老师们）的帮助，不要让"从众心理"误导自己。将自己的优势最大化，这将是实现梦想的基础。

二、其次，我们需要找对方法

具体来说，又可以分为预习—学习—复习三个角度。

（一）预习

一些人会选择报班提前预习，这可以帮助节省收集资料的时间，也能在有疑惑的时候及时得到老师的反馈。此外，因为有老师的监督，预习进度也有一定的保证。但报班预习也存在花费太高、动力不强等情况。我认为可以好好利用网络资源，在网上搜寻评价较高、适合自身的网课。

利用网课预习有以下几点好处：

1. 可以按照自己的节奏来，有疑惑的地方可以多次回看。

2. 选择较多，同一个内容，可以观看不同老师的视频，以帮助自己更好地理解。

3. 节省高昂的线下费用和通勤时间。

但选择通过网课预习往往需要强大的自制力，否则很容易半途而废。这就需要自我监督和他人监督相结合。可以和朋友结伴预习，然后互相打卡，还可以互相检查预习效果。

除了在新学期开始前进行预习，开学后的课前预习也是必不可少的。在上课之前，仍然需要回顾假期预习过的内容，通过做几道题以及绘制思维导图来帮助恢复记忆，在预习期间积攒的疑惑也需要及时询问老师。

（二）学习

千万不要因为预习过了，就不认真听课。还是需要认真听课，跟着老师的思路和节奏走，课上的练习一定要做，需要特别关注老师提供的答题步骤、推导过程。

在课下也需要完成练习。初高中阶段的题量都挺大的，可以对题目进行优先级排序，挑重点做。做题时，多练基础题，也不要畏难，通过提高题锻炼思维、打开思路，但也不要死磕难题。建议在做完老师布置、学校命题组出的题之后，再去考虑购入其他的习题册。

此外，我们需要在日常生活中就形成良好的答题习惯，不要将考试失分全都归结为"粗心大意"，所谓的"粗心大意"都是没有养成良好的答题习惯罢了。

（三）复习

当然，复习是高中学习中非常关键的一环，以下是一些有效的复习方法：

（1）制订复习计划。合理规划时间，确保每个科目都有足够的复习时间。可以按照考试日期的远近来安排复习顺序，优先复习即将考试的科目。

（2）利用多种学习资源。除了课本和笔记，还可以利用网络资源、参考书籍、视频教程等来加深理解。

（3）主动提问和解答。在复习过程中，遇到不懂的问题要主动向老师或同学请教。同时，尝试解答别人的问题也能加深自己的理解。

（4）利用碎片时间。比如在食堂排队的时候也可以进行一些简单的复习，如背单词、回顾错题等。

（5）使用思维导图或关键词法帮助记忆。就拿历史来说，可以通过绘制思维导图来构建某个专题的脉络，帮助记忆。

（6）此外，也可以通过整理错题、难题来帮助复习。

三、再次，我们需要坚持不懈

这又可以从以下三个角度切入：

（一）形成习惯

习惯的力量是非常强大的，在形成肌肉记忆之前，我们需要制订计划帮助我们养成良好的习惯。

现在的我习惯从宏观到微观罗列计划，从年度计划、学期计划到月计划、周计划，最后落实到日计划。做计划的时候需要进行优先级排序，将重要的、必须完成的任务往前写。很多时候我们会高估自己的效率，所以会罗列许多任务，但最后只完成了其中几项。面对这种情况，我们也无需感到焦虑，只要完成了重中之重的任务，并且有所收获,都是值得开心的!

此外,在无人监督的假期中,还可以打开网络上的类似"Study With Me"的陪伴学习视频或一些线上自习室,听一听白噪声,帮助自己进入学习状态。

(二)互相监督

同伴的力量也很强大。我们也可以和身边的朋友一起结成学习搭子,互相监督、打卡。初中阶段,我们有学习小组,大家会互相抽查一切需要背诵的科目。高中阶段,我和两位好朋友互相打卡,我会提前写好周计划、月计划,然后分享给他们,在每周结束后与他们一起总结完成情况,也会分享各自的心得体会。

(三)总结经验

考试无论大小,在每一次考试结束以后,都需要好好总结一下。可以重点关注错题、难题和经典题。对于错题,要进行分析,做错的原因是什么,之后该如何避免再次犯错;对于难题,需要关注解题的过程,理解解题的思路;对于经典题,也需要关注解题的思路,积累多种解题方法,学会举一反三。

我们也需意识到,我们往往很难客观地去自我评估,很难找出自身的漏洞。这就需要他人的帮助,借助第三方视角查漏补缺。基于此,我们可以寻求老师的帮助,和老师进行一对一的沟通,带上自己的试卷或练习册，让专业人士帮助分析。其实大多数老师看到学生主动地寻求帮助，都会感到很欣慰，所以千万不要感到害羞，请大胆、主动地去寻求老师的帮助吧！

四、最后，我们需要相信自己

在刚刚进入高中时，由于理科难度的陡然上升，我经历了无数次的挫败，期间也崩溃了很多次。要强的性格差点使得我放弃了自己的优势科目，但好在最后还是认清了自身的优势所在，做出了合理的选择。进入重点班之后，我一时没有调整好心态，总觉得自己是晚了一个学期才进的重点班，严重缺乏自信，这又反馈到了我的成绩上，排名一度也只退不进。直到一次市统考，我考了全市前10名后，我的自信心才被一点点地找回。

每个人都会经历一段蒙尘的时期，我想把那一时期称为"珍珠形成期"。珍珠被关在蚌壳里，浸泡在咸湿的海水中。在这一期间，你要坚信，自己在一点点地变好，每一次的磨炼都是为了破壳夺目的那一天。在此之前，你需要耐心等待，更需要持续地努力。

虽然本科的时候没能如愿进入北大，但在研究生阶段，我还是实现了自己的"北大梦"。这一次，我终于不需要用如山的练习册遮挡住北大的海报，不再羞于向他人说出我的梦想。现在的我可以自信地跟别人说："我是北大的学生！"圆梦的过程是曲折的，但只要实现了目标，我们仍然可以为自己鼓掌！

  高中三年，我们一定会经历很多成长的阵痛。可以难过，可以流泪，但不能让乌云永远停留在上空。乌云会走，天终放晴。但吹走乌云的风，还需要你自己扬起。

不忘来时路　步履愈从容

◇ 国　璇

回想起高中三年的生活，虽然记忆已有些模糊，但那段为了梦想而全力以赴的岁月仍在我的生命中留下了不可磨灭的印记。厚厚的试卷，奋笔疾书的写字声，嗡嗡的风扇声，见证着一群群少年人拔节而出的成长过程。那时，每天的生活都被安排得满满当当，虽然忙碌，但内心却轻松而从容。心无旁骛地投入学习，看似单调的生活却别有趣味。高中三年，为我的人生道路打下了坚实的基石，是我梦想的起点，也是我永远惦念的记忆。

记得高一时，班主任曾让每一位同学写下自己的理想学校。对于那时的我而言，我并没有明确的梦校，只是想着多掌握一个知识点、多提高一分、每天进步一点点，为考入一所985大学积累足够的资本。这样，日后想起这段日子，也能问心无愧地说一句：我已经付出了一切。

受益于从小培养的学习习惯,在高中三年,我都保持了较好的学习成绩。和此前相比,高中学习更强调学生个人的自主性。尤其是高三阶段,在全面投入复习的情况下,如何日复一日埋头于书山题海中而不被倦怠感所吞没,如何及时发现问题并有针对性地提高,都是每个学生面临的挑战。虽然走过弯路,但我也在与老师和同学的交流,以及自己的不断摸索中稳步提高,总结了一套自己的学习方法。

一、语文

和其他学科相比,语文可谓是最需要积累的一门学科,甚至可以说,指望仅仅三年的突击而突飞猛进是不切实际的。但厚积薄发的道理依然适用,只要上心,语文至少可以不拖后腿。

好记性不如烂笔头。语文试卷的全部题型中,基础知识占据了相当大的比重。从常见多音字到必背的文言文字词,这些在平时的语文学习中都需要有意识地积累并不断强化。准备一个专门的笔记本,不定时摘录生词生句,并定期复习以强化记忆,经过一段时间的循环,定能收到成效。

要提高语文成绩,切不可单纯依赖课本。"读书破万卷,下笔如有神。"在紧张的学习生活之外,多读课外推荐书目，多培养语感，大量的输入不仅有助于扩大知识面，也能在写作文时不至于抓耳挠腮，"巧妇难为无米之炊"。

对于我而言，阅读是松弛神经、愉悦心情的最好方式。在紧张的高中生活之余，能够忙里偷闲与古人进行一次思想上的交流，或品读一篇小品文体会生活情趣，都可于字里行间感知世间百态、人情冷暖，也是对学习生活的调剂与补充。在还没有被短视频狂轰滥炸的岁月，专注地阅读一本纸质书，是以最低成本收获精神愉悦的方式。

二、数学

数学令很多文科生头疼，但也是提分的突破口。可以说，在文科中，"得数学者得天下"。首先，课堂上一定要认真听讲。高中时，每当在课上遇到不懂的知识点，我会在下课后追着老师请她答疑解惑，在办公室内待到下一节课的铃声响起是常事。不把问题带到课堂之外，及时消化吸收当天的知识，可以大大提高学习效率。

熟能生巧是关键。熟练掌握各种公式和定理，遇到各类题型的变形能第一时间对号入座、套用公式，可以提高做题的效率，这也要求日常学习中要大量刷题，形成对不同题目的"肌肉记忆"，在考场上方能游刃有余。

查漏补缺同样不可或缺。我建议大家准备一本错题本，将每次模考的错题分门别类汇总整理，时间长了，便可发现自己的薄弱环节，便于对症下药。当然，考卷题型的设置有难度的分级，比如最后一道大题通常难度最大，对于大部分同学而言，可以战略性放弃，而将主要精力放在基础和中级难度的题目上，能将这部分分数拿到，已经能保证拿到高分了。

三、英语

语言的学习有共通之处，我认为，最重要的环节是形成语感，即看到题目之后无需深入思考便可选出答案。而语感的形成需要久久为功，而不能只凭借课堂的学习。除了课本，我也会随身携带一本单词书，在有限的闲暇时间内见缝插针强化记忆。同时，我也会观看英语电影、听英文歌曲等，既能放松身心，也可通过营造英语的语言环境达到"磨耳朵"的效果。

日积月累，以"套路"应万变。对于很多同学所头疼的作文，在我看来亦有"套路"可循。在平日练习中，可不断将自己的作文与范文相对照，找出不同之处和可借鉴之处。比如，意思相同的一句话，使用更为高级的词汇、语法和句型以表达，这也是提高作文分数的关键点。每做一次练习，哪怕在笔记本上积累一个高级词汇，并在下次写作中有意识地运用，终会实现量变引起质变的效果，将知识从笔头印刻进大脑中，成为自己灵活使用的武器。

另外,想必大家都曾拜读过"衡水体"作文。有时候一模一样的内容,在不同笔迹下都会获得不同的分数。当然,无需花里花哨,只要做到字迹工整,便可给阅卷老师留下良好的第一印象。所以,平日写作中也要注意书写工整,在此基础上保证写作的速度,争取做到又快又好。

四、文综

我上高中的时候恰逢题型改革,而文综三个科目的改革力度堪称最大。在我看来,改革的主要方向是考查学生的发散思维,而单纯地死记硬背则无法取得高分。同时,从材料中抓取有效信息,并用自己的语言有逻辑地作答,也是对学生的挑战。

(一)政治

学好政治学科,在牢记课本上的知识点的同时,也应真正培养政治思维。比如,每天观看《新闻联播》,定期阅读《人民日报》、新华社等官方媒体的评论文章,关注时事新闻,并摘抄好词好句,在作答时可收获画龙点睛的效果。

(二)历史

历史试卷的出题人往往不只是单独考查某个朝代,而可能围绕某一主题,就前后两个或两个以上朝代的情况进行对比。这也要求我们在学习时要把握各个朝代发展的规律。

历史考查的另一特点在于答案都在材料中，作答时一定要解读准确题目要求，而不是看到一个或几个关键词就自动定位到课本，继而脱离材料只是默写书本上的内容。这是出题人给我们挖下的"陷阱"，而勤加练习可帮助我们培养敏锐的审题意识。

（三）地理

地理是三门学科中最偏向理科的一门。记得学习的时候，我每天都会翻看世界地图和中国地图，形成对世界地理和中国地理的整体意识。掌握基本规律和基础知识是关键，比如经纬度、海陆位置、洋流、气候类型和典型地形地貌等，均是自然地理部分的必考题，在不丢分的基础上，才可慢慢探索更高难度的题目。

在具体的技巧之外，如何做到长久坚持和自省反思，也是提高成绩所面临的挑战，三天打鱼两天晒网注定不会取得本质的变化。在我看来，树立目标、坚定信念是对抗庸常琐碎的岁月、忍常人所不能的不二法门。在模拟考试不理想的时候，在练习多次后仍未见成效的时候，我也曾怀疑自己做的是否是无用功。但在老师的鼓励、父母的关爱和同学的帮助下，我总能克服消极情绪，抖擞精神而重新上阵。

这也是我强调心理辅导的重要性。这些年，高中生因压力大而结束年轻生命的事件屡见报端，令人扼腕叹息花季生命的消逝之余，也敲响了关爱未成年人心理健康的警钟。无论怎样淡化高考的重要性，也无法否认它仍然是中国绝大多数普通家庭出身的孩子改变命运的"独木桥"。高考固然重要，也绝非一锤定音。距离高考已八年，回望这八年走过的路，幸事有之，坎坷有之，但人生并不会因为一场考试而决定了未来的走向。因而，还处于高中的你们不必悬挂着"担心考砸"的达摩克利斯之剑，人生还长，还有无数个未知的瞬间，等待你们发掘。

在学习之外，与良师益友朝夕相处的快乐与纯真也令我怀念至今。碰到难题互相求助，分享喜欢的食物，给彼此赠送精美可爱的小礼物，成为庸常中的小确幸，历久弥新。

后来，我考入山东大学中文系就读。我探索了大学生活的各种可能性，参加社团活动、辅修双学位、奔赴祖国各地进行社会实践……开阔视野的同时，我也没有忘记学生的本职工作，有赖于从小培养的学习习惯，我充分发挥了自主性，获得了较高的绩点，顺利保送至中国人民大学攻读硕士研究生。

在七年的中文系生活中，图书馆是我最喜欢去的地方。在泛着岁月味道的古籍库，在充斥着思想交锋的现代书籍板块，我在翻阅一张张书页的同时，也汲取着古今中外写作者的智慧，品读着他们在与岁月对抗、与人生交流的困惑与坦然。学校之外，我也探索着济南和北京两座城市的脉络，在四季变换中与城市共呼吸、同成长。

而今，工作的繁忙已让我少有时间回忆学生时代的细枝末节，但在偶尔的午夜梦回中，我仍然会回到那座永远窗明几净的教室，身边是趁着课间休息聊天玩乐的同学，而我则身着校服，正为解一道数学题而抓耳挠腮。虽然谈不上是轰轰烈烈的青春，但蓦然回首，类似这样生动鲜活的场景，已足以令人刻骨铭心。它们是我遇到挫折时的心灵慰藉，也是让我愈发步履笃定、向下一个人生站点迈进的动力。

行远自迩，岁月留痕

◇ 百　逾

岁月无声，然而它流淌过的地方却冲刷出了深深浅浅的痕迹。我像一个孩童把脚埋进沙滩里，以为藏起来别人就无法发现它的存在。殊不知，过去早已无法分割，甚至如双足一般支撑我一步步走下去。

高中三年是一场与时间的赛跑。依稀记得，那时的我，日复一日穿梭于教室、餐厅与家的"三点一线"，日子简单却充实。清晨的第一缕阳光还未透过窗帘，我已在隔壁军校的号角声中匆忙起床，苦苦思索昨夜未解的习题。每每回想教室中伏案的时光，虽感辛酸，但心中始终怀揣对未来的憧憬和渴望。父母每晚送来的温热饭菜成为那段时光中最平凡也最真实的味道。晚自习的黑板上密密麻麻的作业，白花花的试卷堆积如山，抽屉里像作文素材一样枯竭的中性笔芯，每次模考后在教室前门围观成绩的各位同学……或许多年以后，曾经鏖战高三的读者也会如我一般，发现烙在深处的记忆实在缺乏欢声笑语。但实事求是，如果没有那时打下的夯实基础和条件反射般的做题习惯，高考连烧两天的我也无法进入医学院学习。

  大学的日子，虽少了些许高中的紧张，却增添了新的挑战。满课的日程成为医学院生活的常态，看不完的"蓝色生死恋"和学不完的知识让开学三周就开始考试的学习生活雪上加霜。因为找不到自习室而在走廊里复习时整个楼宇内嗡嗡的背书声，实验课上给小兔子注射药物后显示器上的波形，手术室里骨折复位对抗强大肌肉力量造成的腰酸腿软，动物房、洗消间里奇奇怪怪的味道，曾经期待的、抱怨的，连同照片上年幼无知的我都慢慢远去，如今竟如此留恋。在学校、医院和驻地20公里外的实验室之间来回奔波时，我也曾因为学习、工作和实验的压力而在班车上默默流泪。深夜离开实验室，风卷残雪，听到嘎吱嘎吱的踩雪声，我当初是否凝望着远处的万家灯火，有"大庇天下寒士俱欢颜"的希冀呢？异乡的求学生活教会了我独立和坚韧，我也知道选择这样的职业就意味着道路更加艰难。但是，假如生命可以重来，我会如何少走弯路呢？

  岁月悠悠，如歌行板，匆匆八载，医学院高强度的学习和考试压力让我对自己学习记忆和熬夜的能力产生更全面的认知。我常常会想，如果高中能拿出医学院三分之二的学习精神，我会不会有不一样的选择。每当看到候诊和治疗间隙都在用功读书的孩子，在感慨当前应试教育压力之余，我希望也能为当前正在经历的人提供一点点帮助。

一、好心态决定一生

对于普通高中学生，高考是改变人生的重要机会。它的重要性体现在决定你的本科背景，平台资源等。但是它也只是一次考试，它并不会决定人生的全部。超常发挥可以带来满足和荣耀，暂时的失利也可以为往后人生的奋斗积累经验和教训。人生关键节点的压力为许多同学带来焦虑抑郁、肠胃应激、关节吸收等问题，甚至有同学暂停学业休养身体，或者远赴海外走上另一条道路。无论是过去、现在、还是未来，绝大多数普通人无法左右结果，我们力所能及的就是做好当下，认真吸收每一个知识点，整理每一道错题，尽所有可能发挥最大的潜力，然后坚持到底。

二、总结远重于题海

坦然来讲，题海战术只适合一部分同学。合适的课业量可以帮助提升成绩，课业负荷过重会压缩学生反思总结的时间。我的经验是，可以根据自身情况处理课业习题。例如，在中学时期，英语会布置一些单词抄写任务，为提高单位时间的回报率，我会用记忆和默写来代替。适当减少机械重复的劳动，节约的时间可以用来总结各科题目的出题类型，根据知识点和解题方法进行分类总结。复习一页内容的重要性要远远胜于做十道新题。题目是做不尽的，但是方法和知识有涯，如果不复习强化，根据人类记忆的特点，曾经付出的努力也会湮没在记忆的海洋中，又谈何学习新知识，进而提高成绩呢？

三、注重平时积累

语文和英语的学习要领在于长期积累而非短时突击。因为初中时期，我便养成了抱着古汉语词典看《智囊》和《古文观止》的爱好，所以文言文阅读和诗词默写部分就变成省时和送分的环节。在中学一定要养成阅读的习惯，准备作文素材本，遇到合适的素材学会用多个视角进行解读，并且落实到纸面上，从脑到手转化的过程会帮助我们发现问题所在。

四、寻找外部资源

数理化教科书的内容往往十分精炼，各种公式定理的推导常常非常简洁，这对于学习数理化同学的思维培养并无益处。学有余力可以借教师版教材学习，如果有条件可以阅读英文版教材或者在网上搜索学习资料，国外大学也有公开课，理解这些理论的来龙去脉对于逻辑思维和问题发现解决能力的培养是大有裨益的。

五、养成良好的生活习惯

高压、紧张、熬夜、缺乏锻炼是众多高中生的写照。我们的大脑需要在睡眠中促进学习记忆，所以一定要保持充足的睡眠时间，在睡前避免摄入过多食物。适当规律的运动帮助舒缓学习压力，促进潜力的激发。健康的体魄是实现幸福生活的基础，透支健康绝不可取。

在博士申请阶段，我到实验室给其他组的师弟演示实验操作，他却告诉我说听说了我熬夜做科研的事迹，感到敬佩。过去由于各种原因，我常常无法平衡临床和科研，不得已熬夜为人类的科研事业添砖加瓦。但我告诉他，这真的没有必要，牺牲自己愉快的生活和健康的身体博取一个未知的未来实不可取。看着他欲言又止的表情，我知道我说什么都不会有用。后来我得知，我过去所在的实验室在凌晨时分都是人头攒动的状态。我能够感受到"熬着"的那种一眼望不尽的无力感，也对保研和申博卷生卷死的状态深有体会，我也知道只有走在这条路上的人才会理解有多艰辛。曾经我怀有纯粹的理想奔向憧憬的大学生活，如今发现，高考也罢，保研或考研也好，读与不读博士，都只是我们前进路上的小小一关。而我们的生命之舟该载满家人朋友、健康快乐、美食美酒，是"载不动许多愁"。所以应该用平常心对待每一关。

  时间可以折叠，可以延伸，但是永远不会重来。我们能做的就是利用好每一刻，去实现、去创造、去征服，但是不要去后悔。面对未来，我们都会迷茫，可事实上，路在脚下而已。

路远，行至

◇ 张　琰

落秋了。虽是夏秋之交，天气还炎热着，但路过的风已经开始转凉。人大校园里，军训的大一新生已经就位，用一大片墨绿的色彩，装点着校园的各个角落，延续着盛暑的热烈气息。我经常在他们身边穿行而过，听到他们谈论着刚刚过去的高考、各自的高中同学、曾经的高中生活，以及新鲜的、火热的、自由的当下。每个白天的训练间隙，他们会即兴拉歌；夜幕降临时，也会进行才艺联欢。开学即是毕业年级的我，经常在这种时候感受到落寞之中的欢欣，仿佛自己也回到了那个青春飞扬的时刻，对一切都充满着探索欲、好奇感，以及重新拥有了那种最底层的力——生命力。

　　经历了高考、读本科、考研、读研，以及中间穿插的工作经历，我更能体会到读书的快乐。在校园里的幸福感，是任何别种体验代替不了的。特别是在中国人民大学这样的优秀学府，周围的一切都明媚而充溢。在人大的每一天，我都是非常快乐的。切实感觉到自己之前所有的努力都化为丰盈的能量包围着自己，反馈着自己。因此，想到之前经历的一些低谷，也就不觉得是低谷了。人只有在经历一个起起落落的较长周期之后，才会明白很多事情的意义在哪里。很多当时走不过来的坎、想不明白的事，只有时间会给予你答案。所以，坚持前行，才是最重要的。哪怕这个过程中有很多的犹疑、低落、困惑……我一直努力平和地与这些负面情绪共存，而不是与之对抗、你死我活。堵不如疏，接受一切发生是我们应该早早学会的课题，与负面能量的共存不会阻碍我们前行的脚步，在这个过程中我们会更好地自我成长并轻装上阵。

当然，备考的日子，尤其是高中生活，是确确实实充满着压力的。我现在都能回忆起那段时间的学习生活所带来的重压，实话实说，如果让我再来一遍，我是没有勇气的。当年我进入高一的时候，由于是自治区级的重点高中，大家都非常优秀，我接受不了成绩的一落千丈和课业的繁重，在整个高一学习状态都非常不好。但从一个更长远的目光来看，暂时的不适应和一时的失败其实都是不要紧的。高考，考的是高中三年对知识的掌握程度，而不是一时的成绩的好坏，三年其实是一场马拉松，所以在刚开始以及受到挫败时，不要给自己太大的压力，适当的休息是更重要的。其实不要太着急，三年有大把的时间去精进所学，太过焦虑的心情大可不必。另外，也要适当分配好自己的时间给将来想要选择的科目。

关于数学，我有更多的话要说。虽然我高中是文科生，但是我的高考数学分数尚可，最终考了133分（内蒙古自治区）。但我至今都记得，在高三的第一次月考中，我的数学只考了区区99分。而且当时的我已经在数学上下了很多的功夫，对自己的数学成绩还算有一些自信。但是沉重的打击摆在眼前，让我非常受挫。我很难过，我现在都记得当时那种脆弱无助的情绪。但是班级里人数众多，我又没有非常好的朋友可以倾诉，无处发泄的我最后偷偷躲到了厕所，自己默默哭了一场。其实回想高中，我的回忆大多是不够鲜亮的，好像总会蒙上一层淡淡的灰色。孤独、压力、焦虑、痛苦经常和我如影随形。情绪不会消失，但是切实的努力是不会白费的。高考前夕我的数学成绩就稳定在120–150之间了，经常考到140多分。只要在学习的时候，确信自己做的是有效努力，就不用太过焦虑，时间会告诉我们最终的答案。这里在数学方面的有效努力具体有：一定建立自己的错题本；弄清楚所有公式，公式要确切记住；解题一定要亲自多练，逻辑一定要理得明明白白。在数学上，任何一点细微的含糊，都会变成考场上的马失前蹄。精确本就是数学这门科目的最底层逻辑。函数这一块可以买专门的习题集攻克一下。总体上，我认为有效刷题其实就是彻底弄清自己做的每一道题。可以分为几类：彻底熟悉掌握的；正确率不是100%的；偶有失误的；难题。针对不同类型的题目，采取不同策略就好。

三大主科里，我的英语也通过持续努力的笨办法，最终在高考获得了140分。我至今仍记得当时为了练习英语让自己沉浸于听英文歌的岁月，就是为了让自己浸泡在纯粹的语言环境之中。为此当时听的很多英文歌到现在为止都是我的心头爱。英语作文的话，提升起来其实很简单，平时自己积累一些句子。但是切记：英语作文中有时候高级句式不好用，用不了的原因在于其实很多时候我们并未完全吃透。可以从自己阅读看到的喜欢的句子、简单一点的句子开始，逐步积累。作文要用句式，但并不是越高级越好，灵活、巧妙、生动更重要，最重要。最后，听力的话，沉浸于英语环境，天天磨耳朵下苦功是逃避不了的学习方法。

而语文的具体学习方面，我擅长的一直都是写作。但是所有写作的基础都是条理清楚、逻辑清晰、语言简洁准确。提升文采是一个日积月累的过程，思维上的逻辑条理却可以受用终身。另外，用心去感受生活，提高文字中的感情含量，这样可以在理性的基础上，让文字更有血肉感。可以多读一些散文集提升文笔。大多数名著以一些故事为主，其实不易模仿。以提升文笔为目的去练习高考作文的话，其实可以多读一些名家散文集。如有一本人民文学出版社出版的《人生有所思》，收录了文学史上的名家写的名文，非常推荐。另外，余光中的《听听那冷雨》也值得一看。如果想读小说，推荐读余华的一些作品。他的文风简洁有力，比如著名的《活着》《在细雨中呼喊》等。我在高中读了他的《第七天》，印象也很深刻。至于文言文，记忆知识点是关键。另外，读一些课外书其实也是调节生活的好方法，我在高中读名著、读杂志、感觉是高中不太明朗的日子里难得的鲜亮回忆。

　　我觉得在高考这门综合考试中，拼的不仅是努力，还有效率，甚至效率才是决胜的关键。建议保持充足的睡眠，以高效的精神、积极的心态去面对学习。在学习尤其是高考这件事上，我一向不赞同过度努力，高效才是一切。文科类的持之以恒，多积累；理科类的多思考、多总结。保持好心态，相信自己。

　　高考后我又经历过考研，比起高考，考研更是一场一个人的战斗，对毅力、自制力等的要求都非常高。但是一切的努力，归根结底都会以不同的形式回馈给自己，所以永远不要怀疑努力的意义，不要丧失前进的信心。允许自己短暂休息，勉励自己长久坚持。

最后想说，放平心态，人生还长。高考时我的梦想学校就是人大，但是语文和文综失利，去了不远的中央民族大学。最终，我又通过自己的努力，在读研时来到了人大。只要有心、肯努力，任何时候，未来都属于你！美丽的校园里美好的春夏秋冬，都将给予你无限的力量！

梦始春耕，梦圆秋馈

◇ 岳斯琦

北洋园的春天，荒凉和新鲜都那么彻底，深得我心。从齐园宿舍到菜鸟驿站一路，连翘吐蕊，迎春展瓣，樱花披上娇艳的衣裳，桃花染上明媚的光泽，更不用说那欲拒还迎的海棠。根本不需要角度的选择，随便一站，不论远眺还是近观，仰头还是低眉，未退去凛冽的风依然不会影响你的判断，不会错的，春天来了。风中夹杂着泥土的潮湿，细细去嗅，还能闻到泥土里的草木味，不禁想起，初到北洋园，也是最先捕捉到这新鲜的味道，也是一个令人嘴角上扬的春天。

一颗追求梦想的心、一种坚持到底的执着、一套调整优化的自我学习方法，支撑我考入天津大学。高考和人生的其他重要转折点一样，都是追着梦想冲锋向前，都是无所畏惧地坚韧拼搏，都是实事求是地开辟天地，都是孤独勇敢地自我蜕变。

相信自己，稳定心态

世界上没有两片相同的树叶，每个人都是独一无二的。"天生我材必有用"，绝不仅仅是李白的自信，更是一个事实：相信自己是一切美好的开始。以前上高中的时候，面对一次次的大考小考，时常焦虑，尤其是排名下降的时候，会想是不是自己不够聪明，是不是复习不够全面，是不是没办法去自己心仪的学校，会担心很多，会自己吓自己。

有个北大学长来校宣讲，我就提出了这个问题，他先是问了我一个历史题：太平天国运动中有几个王？他们是谁？我如实回答：六个，至于是谁，我只记得洪秀全和东西南北王。他轻轻一笑，说："这是书上注释里提到过的，考试也几乎不会考，但是你知道，说明平时很认真，基础也很好，至于自己没记住的，再多看看书就能记住，为什么要杞人忧天呢？平时学习也是一样，自问自答，当你焦虑的时候，你就问自己一个知识点，不会就老老实实地看书、查资料，你会觉得自己一直在进步，一直在路上。"

是啊，学长的话击中了我的心，什么都没尝试，就认输吗？好心态是做成一件事的必备要素，要告诉自己，我可以！我可以选择深呼吸放松，我可以选择积极暗示，我可以拥有更好的东西。就算有风浪、有乌云、有波折，那也是我的体验，那也是我之为我的一部分！

确立目标，创造成果

既然我值得、我可以，那就要我选择、我奋斗。先确定一个目标，让自己更有方向吧！有句话说得好："凡事预则立，不预则废。"长远的目标每个人都有，但目标的落实更为关键。我尝试过列表法，做一个每日计划安排表，几点到几点起床，几点到几点学数学，几点到几点学英语。计划堪称完美，但说来惭愧，只执行了两天就找不到计划表了，想来是心理上很排斥这样的计划。这种以时长为标准的计划让人烦乱不安，像是一场军训，又像是有人在你身上安装了监控，总之很不爽，尤其是到点了，任务却完不成，还要被迫中断，投入下一场接力赛，还隐约听见"我怎么又完成不了"的叹息。

后来，我转变了思路，以任务为导向，一天列五个任务，然后根据重要程度标序号，从自认为最需要完成的任务做起。这样，即使不能五个都完成，我也会为自己骄傲，因为我完成了小目标，而且，有成果有收获，还有心理上的满足，有对下一个挑战的期待。

直到上了大学,我才知道这种目标任务导向性的学习方法并不是我的独创,在管理学里,这种方法叫作OKR,即Objectives and Key Results法,目标与关键成果法。将一个个目标变成一个个现实成果,在自己的人生道路上,一路播种,一路收获!

梳理主干,丰富细节

我有个习惯,拿到一本书,先看目录。一个词语叫"纲举目张",说的是提起大网的总绳,所有的网眼都会张开。在我看来,不论是知识还是实践,归根结底,是关系的处理。处理关系,就要先找到主体,再观察总结它们各自的特点和联系。对待书也是,一本书的目录就是一本书的总纲,是建筑大厦的台柱,是一棵树的主干。

通过目录,我们可以看到作者编写的逻辑,是事物发生发展的顺序,还是要素部件的分别介绍,还是专题串联、互相补充。然后按着这个逻辑以及每章节页数分布情况确定重点,找到核心概念、重要理论。之后每学完一章,都会进行一次主干知识的梳理,并用思维导图的方式确定下来。这样做的好处就是将知识点聚合化,当看到某一概念,会立刻调动结构框架,快速思考跟它相关的一连串东西,每次看框架都是一次系统的复习,不仅便于记忆，而且有助于融会贯通。

当然了，主干也离不开枝干的配合，也就是需要细节的补充与完善。我习惯用A4纸来进行这种梳理，红笔写框架，蓝笔写枝干，黑笔写例子，不同颜色，共同组成了我的知识花园。睡前看两眼，空闲了看两眼，做题卡住了回头看两眼，不断完善结构框架，不断增添内容细节，逐步建立起属于自己的知识体系。

内化知识，持续输出

刚入中文系，老师就说了本学科最基本的一个素养就是"博闻强识"，也就是需要广泛阅读，不断丰富知识储备，还要有个好记性，能把听到的、看到的、学到的东西牢牢记住，在需要时随时调动。其实这个要求对于高中生同样适用。

想要记住东西，就不能死记硬背，而是学会理解和内化。不论是哪一学科，理解了才是自己的，比如数学题的公式，你要明白这个公式涉及几个要素，它们之间的关系是什么，如果求其中的一个要素，式子该怎么变形。为了加深理解，需要把书上的典型题找出来，吃透了，还需要大量刷题，把多种变形形式找出来。尤其是自己做错的，更要重点关注，可以写在错题本上，方便提示提醒。这里特别注意，千万不要形式化，把错题抄到本子上就万事大吉，甚至搞得很美观，各种颜色的笔都有，简直是值得炫耀的艺术品。而是要牢记，错题本是工具，是一种内化工具，所以一切从简，一切服务于"纠偏补漏"。

我的错题本，是一个活页本，为的是将有关系的知识点放在一起，专题式盘活，模块式突破。如果是试卷，我就把题目直接剪下来，贴到本子上去，然后在题目前标上知识点。然后合上本子，把这个题自己做一遍，哪里卡住了，标记。第二天再打开错题本，把思路简写在昨天的空位上，用红笔写出难住自己的步骤。我将这一过程称为输出，这是对自己理解的检验。只有输出完成，这个知识点才算内化结束。

不仅有书面的输出，我还经常使用口头的输出，比如给自己讲题，给请教的同学答疑，再比如自己改题，然后口头作答。那些不够简洁的表述，就是我思路欠缺的地方，修正、转化、优化，如此反复，不断使知识点内化于心。

思绪还在蹁跹，秋风已然而至，北洋园的秋天也别是一番风韵。郑东图书馆前的池水倒映着黄绿交错的枝叶，一场秋雨褪去了夏日的焦灼与浮躁。从体育馆出来骑着校园单车沿着博文路前进，再奔向求是大道参加校园音乐节。青年湖畔的大鹅浮水而过,北面果园又扑鼻而来期冀一年的果香。秋天是柔软而生动的季节,一年的付出,迎来一年的成长,那种黏黏糊糊的难以驾驭的激动心情,就是平淡又鲜活的生活的真实写照。

初来天大,为优美的校园环境和舒适的学习环境欢欣,现在,只觉文化浸润的喜悦。文化人类学课程带给我视野的扩展,文字学课上的识认与释义甲骨文让我沉迷时光穿越的美和神秘,马院154教室每周六的读书会让我感受到自由阅读与思维碰撞的酣畅淋漓,戚克栴影音欣赏室让我在经典光影交错中体悟更多可能……一种启蒙,一个世界,一份精彩,吾心向往之。

"乌桕将一切愁苦尽数冬眠在斑驳的树干上,又将红叶高擎于天,就像人世间总是需要坚忍不拔,以及沿着蜿蜒小路前行的信念。"这句话很合时宜,心怀期待,勇敢地在青春之路上奔跑吧,无畏地在逐梦之旅上徜徉吧,在未来的某一天,当你微笑着回忆往事,想起的全部意象及强烈感受,都将真实且美好!

墨染青春·无悔流年

◇周文妍

回想起那场已略显遥远的考试，我内心仍不禁泛起一丝波澜。在高考前夕，不慎因几块冰镇西瓜而引发高烧，体温直逼39摄氏度，这一突如其来的变故让那段日子格外难忘。记忆尤为深刻的是，考前夜的辗转反侧，不仅因为对未来的紧张与憧憬，更因高烧不退而倍感煎熬。连续两日，我携带着药品，甚至因特殊原因穿着纸尿裤步入考场（鉴于考场规则，非透明液体不得带入，我的班主任甚至为此与监考老师进行了一番激烈争辩），心中五味杂陈。

那天考试结束后，我的首要任务便是前往医院打吊针，以期恢复体力，应对次日的挑战。而当最后一天，英语考试结束的铃声响起，窗外骤雨倾盆，我的身体却奇迹般地开始好转，腹痛缓解，但心中却莫名涌上一股复杂的情感，以至于归家后，我在泪水中度过了一个不眠之夜。

次日清晨，我站在家中的葡萄藤下，凝视着那鲜绿欲滴的叶子，母亲正将被子晾晒于门前的竹竿上，电视里播报着世界各地的新闻——东方之星的沉痛悲剧、遥远的巴以冲突，以及美国科技的日新月异。这一切虽宏大而遥远，却似乎与我当时的心境格格不入。我，一个自认为将永远扎根于这片小镇的青年，心中满是对未来的迷茫与不确定。

然而，时光荏苒，回望往昔，我未曾预料到，数年后，我会踏上前往北京的中国人民大学、意大利乃至更远国度的求学之旅，体验着前所未有的生活与成长。因此，若要对未来的考生寄予期望，我想，最重要的是保持一颗平和而坚韧的心，无论面对何种挑战，都能以最佳的状态迎接考试。

语文这门学科最重要的当然是积累，但是怎样积累以及考场上如何应对却是容易被忽略的。积累方面，广泛阅读古今中外的文学作品，不仅限于课本，更要涉猎诗词歌赋、散文小说、时评杂文等，以丰富语言材料，提升文化素养。同时，注重基础知识的巩固，如字音字形、成语典故、文言词汇等，通过日常练习加深记忆。考场上，则需冷静应对，合理分配时间。阅读理解要先读题再读文,带着问题寻找答案;作文则需迅速审题,明确立意,构思框架后再动笔,注意文采与逻辑并重,展现个人见解与深度。此外,保持卷面整洁,字迹清晰,也是不可忽视的细节,它能直接影响阅卷老师的第一印象。总之,高考语文既是对知识积累的检验,也是应试策略的较量。

数学,那个曾经让我心生畏惧的学科,如今却成了我心中最坚韧的盔甲。从最初的恐惧到最终的征服,每一步都凝聚着汗水与泪水,更见证了我内心从脆弱到坚强的蜕变。每当夜深人静,我独自面对那些复杂的公式和难题时,那份孤独与无助曾让我无数次想要放弃。但正是这些艰难时刻,让我学会了坚持与不屈,让我明白,只有克服内心的恐惧,才能真正徜徉于知识的海洋。其实,我很害怕数学这门科目,这种情绪时常在考试前夕尤为强烈,导致我需要进行一系列仪式性的祈祷行为,试图以此减轻内心的焦虑与不安。然而,当我真正面对数学考试时,却惊喜地发现试题中大多是我平时练习过的常考题型。这一发现不仅让我意识到数学考试并非全然陌生和难以捉摸,也激发了我对克服数学恐惧、提升数学能力的决心。

第二天考试是文综和英语。在决定投身于文科大综合的学习之旅时,我确实经历了一番内心的挣扎与徘徊。这种选择不仅关乎未来的学业方向，更是对自我兴趣、能力与梦想的一次深刻审视。每当回想起那段时光，即便是以轻松的玩笑口吻提及，那份选择背后的复杂情感依旧清晰可辨。然而，正是这些纠结与彷徨，最终汇聚成了坚定选择文科的力量。文综的学习，则是一场穿越时空的旅行。历史的长河中，我见证了文明的兴衰更替；地理的版图上，我领略了山川的壮丽与海洋的浩瀚；政治的舞台上，我思考着国家的命运与人民的福祉。在这段旅程中，我不仅积累了丰富的知识，更学会了用批判性的眼光审视世界，用理性的思维分析问题。文综的学习让我变得更加成熟与深刻，也让我更加珍惜眼前的一切。

在迈向最后一门考试的征途上，我已然跨越了紧张的门槛，内心归于平静。对于英语这门我较为擅长的学科，我深知每一分进步都源自不懈的努力。尽管听力部分曾是我心中的一丝顾虑，但我坚信"万事开头难"，一旦跨越这道门槛，后续的答题便如行云流水般顺畅。因此，我的建议是，面对英语学习中的任何挑战，包括听力在内，都应以积极的心态迎难而上，持之以恒地练习与磨砺，终将发现，那些曾经的难题不过是通往精通之路上的小小垫脚石。

在那悠长而曲折的求学之路上，我怀揣着对知识的渴望与对未来的憧憬，一步步前行。今天，当我回望那些日子，心中涌动的不仅是对过往的感慨，更是对学习过程中那些宝贵经验与技巧的深深感激。以下，便是我在数学、文综、英语以及整体学习策略上的一些深刻体会与感悟。

数学：逻辑与坚持的交响曲

首先，建立错题集，这是我克服数学难题的重要法宝。每当遇到难题或错题，我都会认真记录下来，并分析错误原因。这些错题不仅是我学习过程中的绊脚石，更是帮助我成长的阶梯。通过反复回顾与总结，我能够清晰地看到自己的进步与不足，从而有针对性地进行查漏补缺。

其次，注重基础，打牢根基。数学是一门逻辑性极强的学科，任何复杂的题目都是基于基础知识的灵活运用。因此，我始终将基础知识的学习放在首位，通过大量的练习与巩固，确保自己对每一个知识点都了如指掌。这样一来，在解决复杂问题时，我就能够迅速找到切入点，并准确地运用所学知识进行解答。

再次，勇于提问，寻求帮助。在数学学习中，我深刻体会到团队合作的力量。每当遇到难以独自解决的问题时，我都会主动向老师或同学请教。通过讨论与交流，我不仅能够得到解题的线索和思路，还能从他人的观点中汲取灵感，拓宽自己的解题思路。这种互帮互助的学习氛围，让我的数学学习变得更加高效和有趣。

文综：历史的长河，地理的画卷，政治的智慧

首先，构建知识框架，将零散的知识点串联起来，形成系统的知识体系。这有助于我更好地理解和记忆文综知识，同时也能够提升我的解题速度和准确率。通过不断地梳理和整理知识点，我能够清晰地看到它们之间的联系和区别，从而更加全面地掌握文综知识。

其次，关注时事热点，将文综知识与现实生活相结合。文综的学习不仅仅是为了应对考试，更是为了培养我们的综合素质和应试能力。因此，我时刻关注国内外的重要事件和趋势，了解时事热点背后的历史背景、地理环境和政治因素。这样一来，我在解答文综题目时就能够更加深入地分析问题、提出见解。

再次，注重阅读与思考。文综的学习需要大量的阅读与思考。我坚持每天阅读历史书籍、地理杂志、政治评论等文章和书籍，以拓宽自己的知识面和视野。同时，我还注重培养自己的批判性思维能力，学会从不同角度

审视问题、分析问题。这种阅读与思考的习惯让我在面对文综题目时能够更加从容不迫地应对。

英语：语言的桥梁，文化的窗口

首先，注重听力训练。听力是英语学习的基础。为了提升自己的听力水平，我坚持每天听英语广播、看英语电影和电视剧、听英语歌曲等。通过大量的听力练习，我不仅提高了自己的听力理解能力，还逐渐适应了不同口音和语速的英语表达。此外，我还注重听力技巧的运用，如预测答案、抓住关键词等这些技巧让我在考试中能够更加准确地捕捉信息。

其次，勇于开口说英语。口语是英语学习的重要组成部分。为了提升自己的口语能力，我积极参加英语角、与外教交流等活动，从而勇于开口说英语。通过不断的实践和交流，我不仅克服了害羞和紧张的心理障碍，还逐渐提高了自己的口语表达能力和语言组织能力。同时，我还注重模仿和学习地道的英语发音和语调，使自己的口语更加自然和流畅。

再次，广泛阅读英文文章和书籍。阅读是提升英语能力的重要途径之一。我坚持每天阅读英文文章、书籍和报纸等以拓宽自己的知识面和视野。通过阅读不同类型的文章和书籍，我不仅提高了自己的阅读速度和理解能力，还积累了大量的词汇和语法知识。同时我还注重分析文章的结构和逻辑关系，以便更好地理解作者的意图和观点。

回望那段被高考镌刻的时光，它并非全然充斥着教室内的闷热与笔尖的疾驰，亦非操场上汗水的挥洒与疲惫的追逐。老师的严厉与同学的戏谑，虽为青春记忆的一抹色彩，却在岁月的长河中渐渐淡去，取而代之的是一幅幅温婉如画的场景：周日午后，与妹妹漫步于青砖古巷，脚步轻盈间，共同编织着遥不可及的梦想；晚自习后，与挚友笑语盈盈，踏着夜色归家，路灯下拉长的身影，记录着青春最温暖的陪伴；每日上学途中，泡桐树的细微变化，悄然见证着时光的流转；而每当夜幕降临，爷爷守候在小区门口药店旁的身影，成了我心中最温柔的守候。

高考，这一场看似决定命运的考试，实则只是人生旅途中一段独特的经历。它或许无法预知你一生的轨迹，亦不能全然左右大学四年的学习生涯，但无疑，在那个特别的夏天，它暂时性地调整了家庭的天平。我始终坚信，高考是一场极为公正的较量，它为无数心灵插上了翅膀，让梦想得以跨越地域的界限，飞向更广阔的世界。

最终，衡量一件事的价值，不在于外界的评判或结果的辉煌，而在于我们是否全力以赴，是否能在回望时，内心坦然无憾。只要尽己所能，无愧于心，便已足够。

穷其道者，归处亦同

◇ 黄子俊

我想，即使再过去许多年，会有更多丰富斑斓的经历充溢我的日常；即使记忆渐渐褪色，留存的碎片都是尴尬、低落的时刻；即使笔耕不辍造就的麻木感，现在回想起来也会令神经刺痛，我仍会记得我的高中生活。

高中上下求索时，我可以恣意为了自己的目标而奔跑，不必东张西望。日后或许有美丽的邂逅，或许有光彩熠熠的时刻，但都不如在象牙塔里好好读书的那段日子，它令我念念不忘。

高中时常喜欢往自己的笔记本和课桌上写上一两句话以激励自己。"穷其道者，归处亦同"成为我对自身和一道努力的同学们最好的祝愿。现在将这祝愿同样送给看着这段文字的你。无论何时何地，无论理想高低，无论时间投入多少，我相信，每一个为自己的目标奋力起舞的人，都会在理想的彼岸相遇。

如今我时常回望，既为自己在那段追求理想的纯粹时光里发愤图强、刻苦学习而感动，也为自己能稳定发挥、圆梦盛夏，进入清华大学中文系而欣喜，更为每一个为了自己的目标而努力地发着光的人而鼓掌。

湖南是教育大省，升学竞争十分激烈。"高考，是千军万马过独木桥"的口号贯彻求学升学一途。我对升学考试的记忆也总是与迎面扑来的闷沉焱风和高高悬挂、毫不吝啬的夏日骄阳相挂钩。算不上多么美好的时刻，只是至今仍记得进考场前那般互相祝福，自信满满的少年意气。

不过，光有满腔热血，毫无章法，也少不了像无头苍蝇一般碰壁，难以提高成绩，实现理想。下面我将自己的"不二法门"推荐给大家，但世界上没有两片相同的叶子，更没有同时完美适合两个人的学习方法，我的经验仅作抛砖引玉，期待着你们化为己用。

你的内心应比你想象的更强大

实际上，我很难想象将学习方法同心态调整完全剥离的情况，但现实中很多学习经验分享就是这么做的，在我看来有些舍本逐末。万事开头难，想要养成高效率或者高质量的学习方法，第一步，同样也是最难的一步，便是开始去做。开始去做就要求我们拥有强大的内心。因为在这个阶段你既很难迅速看到效果，从而会怀疑自己；又很难保持坚持不辍的状态，从而会半途而废。故而，我们需要不断强大自己的内心，通过内心的动力与韧劲使自己进步。

一方面，将自己的期望放低。不奢求一蹴而就、一步登天，而是一步一个脚印慢慢进步，倘若每次努力过后，你都想着考试排名提高几十几百名，分数提升二三十分，那么一旦落空便会非常失落，再没有迅速调整学习习惯和方法的动力。要只跟自己比。语文作文分数提高，英语书写字体变好看，数学巧记二级结论多得5分，年级排名上升10名，这些都是确定的幸福。如此一来，学习快乐，自信心稳固，就不怕没有进步，进一寸有一寸的欢喜，学习的动力便养成了。

另一方面，将自己的目标提高。上面说到的实际上是短期目标，若是长期追求单一科目维稳或寸进，不利于高考胜利这一长跑期望的达成，更有可能会在小确幸中麻痹自己，从而放松懈怠。故而我们要设立一学年提升一个阶段，高考冲刺理想高校这样的长期目标。当我们看到一个个小进步时，抬头望望距离自己越来越近的理想大学，心中自然会熄灭自满的苗头，更脚踏实地地努力。如此一来，你时刻会感到如针芒般锐利的压迫感，促使你不断追求更高的境界，学习的韧劲便养成了。

简而言之，我们不能因挫折而失去信心，要学会在小确幸中让自己欣喜，有动力前行；我们也不能因喜悦而冲昏头脑，忘了自己为什么出发，应持续努力、直到圆梦盛夏，有韧劲维持。这样，我们便可通过强大内心，实现学习的进步。所谓万丈高楼平地起，最基础但也最重要的心态"世界观"业已养成，有关技巧的"方法论"自然就应运而生，锦上添花了。

练习：把平时当考试

一位奥运冠军的教练曾说，冠军身上的膏药揭示着他得胜的秘诀，那就是坚持不断的刻苦训练，学习也是如此。一个优秀的竞争者，无论是文体竞赛，还是考试测验，都是有着丰富的练习经验兜底的。作为学生（或考生），我们考场上的自信与游刃有余，源于平时的练习带给我们的题感。

我们知道平时的练习非常重要，但很多同学平日里都很刻苦，为何成绩没有起色呢？或许是"假努力"在作祟，包括但不限于热衷将知识点一字不落地从书上抄到笔记本上，反复地练字，对着答案做题，半个小时才背一个知识点等。这样机械式的学习不仅不能带来进步，反而会消磨学习应有的紧张感。

没错，学习理应是紧张的。引入限时训练，将给练习质量与效率的提高带来极大帮助。以刷题为例，我们可以通过闹钟等计时工具来限定自己，比如半个小时内写完两面习题。在这段时间里，我们应想象自己是在参加高考，一切以做对题、做完题为重，排除法、瞪眼法，连蒙带猜统统运用上去，时间一到马上停笔，做出来多少就是多少。如此训练，我们就真正知道自己对知识点的掌握程度，就能最大限度激发自己解题的潜力，真正上考场时，紧张感也会消弭，亲测有效。背书也可以参考这样的方法，在限定时间内一定要背完多少知识点，自我强迫带来记忆力的反复刺激，记忆是最深刻而最持久的。

我们不能因为限时而对练习本身打折扣。以背书为例，我习惯于"反复默读—合上资料背诵—打开资料核对"这样三步走的方法。在默读阶段，便一个字都不要放过，无论任何科目，每一本书上的每一个字，在考试前都应看至少两遍，长此以往便能积累语感，读书下笔会流畅很多；在背诵阶段，便要绞尽脑汁去回想，不能模棱两可地放过知识点，不然上考场便会后悔不及；在核对阶段，要重点默读记忆不牢、出入较大的部分，做到温故方可知新。

上面提到的看书本，实际上是非常重要的，不仅对丰富我们的知识储备有利，更能预防一些突发情况。一次政治期末联考，大题要求我们"运用人民民主的真谛的相关知识点答题"，可常考的知识点里压根没有"人民民主的真谛"这个部分，后来一看书，才发现在阅读补充材料的小字处明明白白写着"有事好商量，众人的事众人商量，是人民民主的真谛"。它就在那里，你若不认真看书，分数也就在那里，但就是给不到你。

　　此外，在错题本上，我向来认为不要做低质量的错题本。这里的低质量，其一是将大量时间用于抄题，我们大可以用小刀一刀划过，将题目粘贴在错题本上，只管将自己不熟悉的知识点突出就够了，省时省力还有专攻；其二是轻易放过某一道错题，有些时候，我们会因为看了答案之后会了等理由而放过一道题，但这样的话，下次极有可能还会错，我们应当在做错题的时候扔掉答案，如同白纸一张再做一遍，反反复复直到不需要答案的步骤或知识点提示，也能把题目做对为止；其三是重复做同类型错题，错题本理应是越做越薄的，在错过一类题之后，错题本上理应只留下最经典、最容易出错的这类题中的一道，其他的所有同类型题都应该在你会做之后消失，这样备考时你才有时间将错题本过一遍，带着丰富的经验去考试。

应试：把考试当平时

前期铺垫许多，这个部分才是见真章的时候，上了考场，是骡子是马都得出来遛遛。应试技巧实际上是分考场上与考场外的，与练习不同，练习主打一个面面俱到，而应试——功利导向地来说——一切以拿分为目的。

考场上，应试技巧集中体现于我们的答题模式，应找到最适合自己的最能拿分的答题模式。我首先推荐大家在大大小小的考试里尝试不同的答题顺序，比如先写大题，先写作文，先写默写与语法填空等，找到最适合你节奏与手感的顺序之后便一以贯之，不要再轻易改变。这能最大限度地集中你的做题注意力，保证作答的效率与准确率最高。

其次，不同的科目有不同的答题模板。任何文字类主观题，我首推"字海"战术，要做到应答尽答，没答硬答，一定不要留有答题框空白。因为文字主观题的逻辑是写对给分，写错不扣分，那么你写得越多，天然有拿更高分的可能。在此基础上，将最合适的答案往前放，不大确定或万金油类的答案往后放，4分的题答2-4点，6分的题答3-6点，老师自然会高看一眼。理科类大题，也是有模板可循的，物理题就老老实实写公式，便可拿到很大一笔公式分；数学以圆锥曲线为例，设方程，联立，得 x1+x2，x1x2 的值，自然便拿到了最基础的分。然后，便只能靠自己的积累得更多分了。

最后，考场上，我们也可以适当运用一些应试经验。如数学选择题、英语听力答案多是 ABCD 选项均衡分布，偶有一些选项次数较多；语文文化常识题出现书上提到过的或熟悉的答案通常会有问题（因为陌生的新补充的知识你不知道，一般都没啥错）等，但这些纯粹是朴素经验，仰赖平日里的"题海"战术，仅供大家参考，切勿偏信。

考场外，应试的技巧便有许多。接过上述答题模板的话头，模板的积累在平时。如语文询问文中某一段、某一句、某一形象的作用或含义，模板便有常见的三板斧：内容：丰富内容，丰富形象，视角、修辞、艺术手法等；结构：总领全文、承上启下过渡、照应、总结，使文章结构紧凑等；主题：揭示主旨，深化主题，升华主旨等。在此基础上可能有对读者（激发阅读兴趣）等的补充，结合具体文章具体分析。如数学圆锥曲线、不等式、导数有许多常考的二级结论，可以在考前学习背诵，上考场时可能有意想不到的妙用。再如英语作文，以 to begin with；first and foremost 开头，中间 what's more，in addition 过渡，结尾 to sum up；last but not least 作结等,都是屡试不爽的高分模板。这些见诸错题、教辅甚至是考试选项的得分模板,需要诸君自行总结或运用,运用得当,考试便会如有神助。

同样,应试的练习应当更有针对性。以数学为例,高考会有将近120分的基础题,一般分布在单选题前6-7道,多选前3道,填空前2-3道,大题前4-5道以及压轴大题的前1-2问等。这些题每天应当抽出时间做限时训练,保持对基础题的手感,在此基础上去追求难题。文字类科目,语文、英语建议以每天记单词、记古诗文、练字为主,做题为辅,政史地以做选择题(限时)、背书(或仔细看书,参考前述方法)为主,做大题为辅等。题海无涯,保持手感,保持一定的频率,坚持一定会有收获。

最后,考场上的应试心态同样重要。有了平时的积累,想必大家不会过于紧张。高中考试很难有回过头检查的时间,故而我们在写题时一定要仔细入微,可以用铅笔勾画关键题干来提醒自己,尽量做到一遍过,一遍对,不要回头纠结。倘若遇到手感不顺,答不出来的情况,果断跳过,不要在某一道题上消磨太久,捡芝麻丢西瓜。这样下来,我们能保证做题流程自然,做完的题基本是对的,分数应得尽得。

写在最后

写了很多，感觉自己依旧是那个应试气息浓重的学子。也许再过几年，我们会觉得这样的应试手段非常功利，会觉得各种各样为了提分的方法非常幼稚，会觉得记 cater 这个词，联想像猫一样"迎合"来记忆非常可笑。但那时不染一丝铅华，遍体都是对未来的纯粹的期待与对理想的向往的我们依旧是值得被歌颂的。

我喜欢那样的我，喜欢那样为了理想目标不懈努力来提升自己的我。我也同样喜欢像我一样上下求索的人们。

愿你我在高考前能通过上述的方法将学习大而化之，打磨出适合自己的学习技巧，不断奋进。愿你我在高考前能积极养成自信心与理想信念，保有对专业、对大学、对人生的朴素价值追求，自强不息。愿你我在高考前经历越来越多的大考，拥有越来越平和的心态，结交越来越多有着同一个目标，不是对手而是战友的朋友，有越来越健康的作息，培养越来越积极的生活态度，懂得劳逸结合，周末也能忙里偷闲地看看闲书，看看漫画，看看短视频，和朋友侃侃天地。

我说穷其道者，归处亦同，既是希望你我通过自己的努力垒成触及理想的高塔，又是期待你我在奋进时不忘自己的初心，以完全的人格，健全的心态，迎接更多更难的挑战，更是相信我们无论过程，无论结果，都会实现自己的小确幸——换句话说，"我们都有光明的未来"。

就这么走向前去吧，我在金秋的北平写下这些文字，在无数个你理想的彼岸等你。而你我终究会在各自而共同期待的美好未来相遇。

一苇以航

◇ 丘小燕

此刻的我正在中山大学的湖边。清风徐来,这片与我的高三楼旁相似的湖水,也一样波光粼粼。再次回忆起那段被红色倒计时灯牌限定的日子,我认为最值得给出的"法宝",一是积极的心态,二是学习的技巧。这二者之中,心态之于我的裨益最大。至于学习的技巧,每一位同学的学科偏好和学习习惯都不一样,适合自己的才是最好的。同学们应该珍惜时间,按图索骥寻找到适合自己的方法。

关于如何培养积极心态,有以下几个小技巧:

一、设定易完成的小目标

高中的课业压力,准确地说是从高一就开始存在的。在第一个学期,就需要同学们快速完成从初中生到高中生的身份转变。从初中培养的良好学习习惯未必会经过一个暑假就被轻易瓦解,但大幅提升的学习内容和考试难度往往会让同学们在第一次考试后受挫。我解决的方法是,按照难易程度将每个需要提升的板块分阶段、分任务设定成能够轻松完成的小目标。这样一来,就可以逐步实现想要达到的最终目标。

如何将最终学习目标分解成一系列小目标呢?比如,如果中国古代史比较薄弱,不妨试试每天完成10道选择题;数学公式记不住,那就每天抄写五遍,或买那种专项练习题,将涉及这个公式的习题分三天完成……需要注意的是,应该按照实际情况(比如学校的课程安排、作业、晚自习时间)进行目标划分。因题而异,因学科而异,才能逐步实现小目标,从中获得成就感。同学们还可以每完成一个小目标,就给自己一些正向反馈,比如奖励自己追一集喜欢的电视剧。这种逐步实现的过程不仅能够提升自信心,还能保持学习的动力。正如爱迪生所说:"天才是1%的灵感加上99%的汗水。"每一个小目标的完成,都是迈向成功的重要一步。

二、回顾过去的成功经历

美国作家海明威有言:"勇气是在你害怕的时候还能继续前进。"尽管高中客观存在着巨大的学业压力,但是提振信心,能帮助我们继续一往无前。回顾过去的成功经历,无论是学习上的还是生活中的,都能增强我们的自信心。可以采用写笔记的形式，在便利贴上写下属于自己的小成就——"今天的考试进步了XX名""今天学会了打小球的技巧"——这些被记录下来的成功经历，经过定期的回顾，能提醒同学们：你已经克服了许多困难，你还会完成更多成就。通过不断的自我肯定，同时与家人、朋友或同学分享这些成功经历，可以进一步增强自信心。对我而言，我的这些专属成就证明了我的能力和潜力。例如，我在中学时，曾多次被表扬写作很优秀，这些都为我完成高中议论文增添了信心。

三、积极的自我暗示

这跟上一条建议差不多，只不过不需要实际完成的事情作为佐证。每天对自己说一些积极的话，如"我能做到""我足够优秀""我今天会更加努力""加油，新的一天已经开始"。同学们，我认为如果不去做的话，单凭我们自己的主观判断，我们永远不知道自己可以做到什么："我们最大的恐惧不是我们能力不足，而是我们拥有比自己想象中更大的力量。"做到比较困难的题目时，可以在心里默念这些积极的话，增强内心的信念。每晚总结时，可以记录当天的积极经历和感受，强化正面情绪（这也可以作为第二条建议的便利贴素材）。这些积极的话语和记录，会逐渐塑造你的心态，让你更加自信。

四、找到榜样

可以将一些成功的名人作为榜样，了解他们的奋斗历程和成功经验。我是文科生，比较偏爱历史名人，所以会时不时翻阅一些古代史、文学史，通过流传下来的富含力量的文字，从中汲取前进的动力。对于有其他兴趣爱好的同学，比如喜欢外语的，或许可以尝试看一些TED演讲、乔布斯访谈视频等，结合自己的爱好来选择"偶像"。无论选择了谁，都有助于激发内在的动力。榜样的力量是无穷的，他们的故事会给你带来灵感和勇气。

五、参加集体活动

与同学们组成学习小组，定期进行讨论和互助，不仅可以互相交流学习技巧，确实也对积极心态的养成有较大助益。有奉献精神的同学们，可以考虑在课余时间参与一些志愿服务活动，如社区服务、环保活动等，培养社会责任感，提升自信心。"团队的力量大于任何个人的力量"，同辈支持也是不可或缺的一环。

六、缓解焦虑情绪

在这方面，建议同学们使用一些物理的方式，通过对身体的作用来达到情绪释放的目的。比如我最常使用的深呼吸（因为这个很简便高效）：在感到紧张或焦虑时，慢慢吸气，数到四的时候，再以同样的频率呼气。重复几次之后，我就会冷静下来，产生诸如"这也没什么大不了的"的心态。情绪稳定之后，才能更好地投入学习之中。关于这一点，我是考试的时候用得最多。因为考试总有不会的题目，但如果卡死在一道题目上，就会耽误解别的题目。所以通过深呼吸完成心态的平复之后，我就能冷静下来，对试题进行更加合理和科学的时间分配，以便达到我想要在此次考试中完成的目标。

规律的运动也有助于缓解焦虑。同学们可以根据自己喜欢的运动方式来进行每周3-4次的运动。将运动当作一种放松和享受的方式，不仅可以释放压力，还能提高学习效率。运动时，你会感到身心愉悦，这种愉悦感会带给你更多的动力。运动带来的健康体魄也有利于健康心态的养成。

最重要的一点，我觉得是充足的休息时间。每学习45-50分钟后，休息10-15分钟，站起来活动一下。利用休息时间做一些轻松的事情，如听音乐、喝水、散步等。晚上绝对不要熬夜，充足的睡眠可以缓解焦躁的情绪，也避免了在上课时打瞌睡，而错失学科重点知识的风险。我住的是寄宿制学校，统一熄灯后会有舍管巡视，这就用外力保证了大家的睡眠时长。

我觉得还有一个行之有效的方法，是寻求支持。简单来说，其实就是和同学们聊天，或者与老师、家长、学长学姐们沟通，分享日常，寻求理解和支持。如果焦虑情绪严重，可以考虑申请心理咨询帮助，进行专业的心理疏导。个人的舒压能力是有限的，值得信赖的人才会是自己坚强的后盾。

好了，关于积极心态的养成方法就如上所说。至于学习技巧，我主要是从时间管理、目标设定、制作笔记方面入手的。至于学科内容的学习进度，我是按部就班根据学校老师的安排走的。

时间管理方面，制订每日计划，列出当天要完成的任务清单，包括复习哪些章节、做多少练习题等，然后再在晚上睡前回顾一天的学习情况，评估完成度。通过打对勾，可以获得成就感，也能对自己的学习进度作可视化的管理。还可以高效利用碎片时间，利用课间、饭后等零碎时间背单词、记公式，让每一分钟都变得有意义。虽然前面提到了缓解焦虑心态的技巧，但是巨大的课业压力还是需要抓紧一切时间来学习的。

一定要因人而异，根据实际情况制订自己的目标。在笔记整理方面，注意做好两种主要的笔记，一是课堂笔记：上课时认真听讲，做好笔记，课后及时整理，补充遗漏的知识点；二是错题本：记录每次作业、考试中的错误题目，分析原因，定期复习，避免重复犯错。

高中的学习压力确实很大，但制订合理的规划和培养积极的心态，可以有效地提升自信心，缓解焦虑情绪。

　　心之所向，素履以往；人生逆旅，一苇以航。风里雨里，我在未来等你！

我在未来等你

◇ 夜雨声繁

2024年的盛夏,我从中国人民大学文学院顺利毕业,在人大的三年时间如同一场华美绚烂的梦境,梦醒之时掉落一串记忆的珍珠,在我的人生里永远熠熠生辉。

还记得三年前的秋天,我拖着沉重的28寸行李箱,心怀无限憧憬与向往,踏入了位于北京市海淀区中关村大街59号的这一方校园。报到当日,明德广场熙熙攘攘,湛蓝的天空清澈高远。清晨的阳光、盘旋的白鸽、热情洋溢的迎新志愿者……我穿梭在人群之中,竟有了一种想要流泪的冲动。

一千多个日夜里,我与人大一同走过流转的四季。我曾在图书馆二楼靠窗的位置从清晨学到黄昏,直到闭馆音乐响起才依依不舍地离开,踏着月光与星辉返回宿舍;也曾用相机贪婪地记录所看到的一切美好,看淡粉色的桃花颤颤地开在早春的枝头，玉兰盛放在四月，洁白、硕大的花朵缀满枝丫。冬天一场雪过后，教二草坪会多出许多造型各异的可爱雪人，光秃秃的树枝上挂着甄嬛的小像，引得上下课时路过的同学驻足观看。我也曾在离校前几日和好友坐在明法楼前的台阶上彻夜畅聊，听五月天的《干杯》、林志炫的《凤凰花开的路口》，唱着"会不会，有一天，时间真的能倒退，退回你的我的回不去的悠悠的岁月"，唱着"你还要去喊、去爱、去落泪，去准备下一首歌"，毕业的伤感情绪在晚风中氤氲成形。

杨潇在《重走：在公路、河流和驿道上寻找西南联大》一书中写下过这样一段话："旅行作家保罗·索鲁曾经抱怨，为什么那么多书，从一开头就把读者放到异国他乡，却不负责带领他前往？"在他看来，"how did you get there"，你是怎么抵达那儿的，是一个至关重要的问题。同理，如果把求学十几年的经历当作一场旅程，那么我最后是怎样抵达人大的？这途中有怎样的故事和曲折？有没有可以供学弟学妹们参考的方法？在学习生涯暂告一段落的时候，我想可以留下这些文字。

鉴于每个人的学习方法不尽相同，希望学弟学妹们从中寻找适合自己的方法来参考，如果能帮到你一点点，那真是太好了。

我自以为真正的热血奋斗是在考研的那段时光里，也是隔着漫长的时光隧道回望时，所能看到的距离最近的人生节点。

关于从那一段时光中提炼出的经验，我想说的第一点是：学习没有什么方法，最好的方法就是"学习"。

这是高中数学老师在一次家长会上苦口婆心的话语，它在往后的岁月中不断制造着回响。这句话的含义是：学习时长要给够，不可三天打鱼两天晒网，要相信一分耕耘、一分收获，刻苦努力是基础。以我备考人大研究生的那一年来举例，大四的时候学校课程基本已经上完了，每天的复习时间全部要自己安排，面对海量的知识点，我在后期基本保持着每天15小时的复习时长。由于时间紧、任务重，最后几个月的冲刺阶段，干脆舍掉周末，除了生病的一天，体测的半天，听学院讲座、招聘会的一天，凌晨四点订考场酒店的那天，以及找老师确定论文选题的半天，几乎没有休息。记忆里是满满当当的任务栏，密密麻麻的时间表。辛苦吗？当时的我并不觉得辛苦，因为追梦路上的每一天都无比充实，那种进入"心流"时的状态和沉浸在文学世界的快乐，让我在结束一天的学习旅程时流连忘返。

当然这并不是无意义的磨时间，来求得心理安慰和自我感动，学习要注重效率。一味地思考而不去行动会让人倦怠疲惫，而一味地埋头苦干却不动脑，亦会让学习的效果大打折扣。过长时间的学习会让人感到麻木和疲惫，所以，为了检测自己的效率，增加对时间的掌控感，我在自己背书或做题的时候会开一个倒计时。倒计时一开，就仿佛是开辟出一片独立的空间场域，我可以在这半小时、40分钟内心无旁骛地看书、背单词，其他的什么都不用想。到点计时器一响，按掉直接开始下一个半小时，几轮之后视情况休息。这样做的道理可能类似于跑马拉松时在途中为自己设立标志物吧，亲测还是很有效果的。

第二点心得是：树立以我为主的观念，避免贪多嚼不烂。市面上的参考书和模拟题琳琅满目，让人眼花瞭乱。我们可能会因为迷茫和焦虑而疯狂下单，似乎试卷到手分数就能提高，买到就是赚到。可是题不是做越多越好的，如果一味地做题、出错、再做题、再出错，而不去分析背后错误的原因，不去巩固、复习遗漏的知识点，那最后的进步可能微乎其微。与其花时间磨十把钝刀，不如用同等的时间打磨一把锋利的刀。这把刀可以做精细度不同的事，得心应手，比十把钝刀拿在手里要安心很多。在我看来，把十本书各看一遍，不如把一本书看十遍，去选择一套题型全面、讲解详细的参考书，吃透里面的所有内容，效果会比泛泛地做完十几本习题要好很多。

我想分享的第三个方法是：把握时间以外的"暗时间"。我所理解的"暗时间"是指平时一个人走在上下学路上、吃饭、睡觉前的时间，即一天当中的碎片化的时间。高中时班上有一个学霸，上下学路上我们有时候会碰到，每次从身后叫她，她都会吓一跳，并抱歉地解释说她刚刚是在思考问题。她的这一习惯给了我很大的启发，并且在我考人大的时候被充分地拿来运用。举一反三，我会在每天午饭下楼拿外卖的时候把刚刚没有看完的部分拍下来，在等外卖的那几分钟把最后一点内容看完；或是用手机刷真题单词，大学时候的宿舍在六楼，上下楼一趟可以刷 2-3 篇阅读中的单词。平时下了自习，从教学楼回宿舍的路上可以听一篇古文，晚上睡前可以在脑海中过一下今天所学的内容，如果回忆卡了壳，那就在心中默默记下，第二天起床后翻出书来再次落实。长此以往，书页在脑海中可以快速地翻起来，分辨率和清晰度也越来越高，而我们在大脑中失败的次数越多、查漏补缺的次数越多，之后在实际考场上失分的次数就会越少。

来到人大后，我曾和同学聊起过当年考研的经历。她的大学位于一座北方的城市，每天清晨薄雾尚未散尽的时候，她已早早地到达教学楼门口，在背诵一个个知识点的过程中，隔着栏杆看着马路上的行人、车辆，从冷冷清清变得熙熙攘攘，看清晨的首班公交到站停靠，然后驶向远方。为了节省时间，她有时会把洗澡用的洗发水、沐浴露一并带去自习室，这样晚上回去就可以少跑一趟，待洗漱完直接上楼回宿舍休息。彼时我们走在深秋的校园里分享着彼此的经历，她轻描淡写地说着这一切，可是我明白其中付出了多少努力。时光的洪流冲刷而过，曾经反复背诵过的知识或许早已被遗忘，但是那些披星戴月的奋斗岁月会在我们的人生当中留痕，给我们底气和力量。

八月长安在《时间的女儿》一书中写道："高考可能是我们青春时代经历过的最有悲壮史诗意味的大事件了。其实对于漫长的人生路来说，它只是一座小土丘。只不过，任何一座土丘，只要离得够近，都足以遮挡你全部的视线。"我们要足够重视它，同时也要学会戴着镣铐起舞，珍惜身边的一切风景，珍惜陪伴在你身边的亲友和老师、同学，并在奋力拼搏、处理难题、疲倦彷徨但仍不放弃的过程中，认识和发现你自己。这些学习品质和习惯的养成，会在未来的人生岁月中源源不断地向你发放福利。

胡适曾经说过："怕什么真理无穷，进一寸有一寸的欢喜。"它曾在很长一段时间里支撑着我前进。三年有三年的学法,半年有半年的学法,一个月有一个月的学法,不论你现在距离高考还有多少天,不论你的复习进度如何,请你不要放弃,再利用剩下的时间多做两道题吧,等到上考场之时,你会感谢自己的。

希望大家都能在金秋九月获得人生的大丰收,得偿所愿,梦想成真!我在未来等你!

往前看，别回头

◇ 以 七

"往前看，别回头……"2023年热播电视剧《漫长的季节》用温情的一幕，画上了句号。正处在高中的小朋友们，想必你们并没有多少精力关注热播影视。现在的你们，正在度过属于你们的"漫长的季节"，希望你们也可以一直"往前走，别回头"。

高中、高考这些熟悉又陌生的名词于我而言已经是尘封许久的记忆。很久没有回忆高中了，翻看之前记录的点点滴滴，又一次感慨记忆确实是一件神奇的东西，你去想她时她就像一位老朋友，总是守护在那里。

明年的今天会怎样？高三一年又会怎样？我不知道，也没人知道。对高考，恐惧？敬畏？我也说不上来。我不想用那些无力的数字来激发我内心深处的麻木不仁，但是事实上高考就这么悄无声息地来了。外面的世界给予了它太多的关注与期待，而我们却只是在自己的小屋里漠视周围，只是想好好走完这一年，走完高中时光。谁愿意将未来交给一个不确定的高考？但反过来想，生活到处都是不确定，高考只是在里面格外惹人注目而已。明年的此刻的我是在垂死挣扎还是若无其事，或许那得取决于我有一个怎样的高三。明天就是高考，明年的明天就是我们的高考。今年夏日的阳光炙烤着大地，焦灼着一群与高考有关的人的心。好想永远睡在梦里，可是现实我们必须面对，无论怎样残破不堪。明天高考的新闻会弥漫整个世界，充斥夏日空气，可是作为明天的明星，他们喜欢吗？无论怎样，学长学姐们，明天加油，愿你们在这个属于你们的夏天绽放最夺目、最耀眼的光彩。

这是我高考一年前的焦虑。

曾经，未来遥远而没有形状，梦想还不知道该叫什么名字。似水流年，时光流淌，转瞬即逝，再回首，一切仿佛已经清晰明朗却又模糊朦胧。

喜欢一个人，走很长的路，在起风的时候觉得自己像一片落叶。也会抬头仰望蓝天与星空，把悄悄话说给自己听。心里常常感到孤独无助，转身发现温暖、陪伴一直都在。

　　为高考努力的我们，其实非常脆弱；为高考奋斗的我们，其实也相当坚强。或许我们要求的真的不多：一个眼神、一句话、一场雨、一阵风，或者一个点头再见。只要有这么一点点的温暖，我们就都会从心底里感到幸福。

　　高考是一场成人礼。高考过去一个多月后再回首，心中仍五味杂陈。分数、大学、专业一切都向我们慢慢走来。无论何时、无论怎样，希望我们相信有阴影的地方，必定会有光。

　　时光给予我们的美好会永存心间，飘着淡淡的香气，泛着微微的涟漪。新开始，新期待，祝福我们每个人的18岁都绚烂如花，尽情绽放。

　　一起享受美好时光。18岁加油！

　　这是我高考一个月后的思考。

　　已经忘记了老师约定的是第几棵大槐树，但始终会记得在门口陪伴我们的带考老师。

　　已经忘记了高考作文是如何立意成篇，但始终会记得出考场时与老师的相视一笑。

已经忘记了数学压轴题结果对错，但始终会记得雨中和同学顶着衣服跑出考场。

已经忘记了文综试卷答题是如何慌乱，但始终会记得考场外父母们等待的殷切目光。

已经忘记了最后英语以何种心态考完，但始终会记得回学校搬书时内心的兵荒马乱……

这是我高考一年后的回忆。

翻看完这些回忆记录，思绪也回到了高中三年。写到这里，想对正在中学阶段奋斗的小朋友们说："往前走，别回头。"下面分享一些微不足道的方法技巧，供大家参考。

一、扎实、踏实、务实

志存高远，始于足下。在繁重的高中学习中，有目标、有方向、有动力很重要，但要想真的仰望星空，必须从脚踏实地开始。中国共产主义运动先驱李大钊曾说："凡事都要踏踏实实去做，不驰于空想，不骛于虚声，而惟以求真的态度作踏实的工夫。以此态度求学，则真理可明，以此态度做事，则功业可就。"

高中生涯，或许单调得只有"三点一线"，但也充实得从早到晚，沉得下心、耐得住气，看似漫长的三年实则转瞬即逝，回首只觉万分珍贵。

（一）扎实学好每一课

高考所学的内容和知识是有限的，但求知的过程是无限的。不要总抱着这个知识点一次学不会、总会回头复习的侥幸心理，扎实学好每一课，养成当日事当日毕的良好习惯。每一天所学的新知识要跟着老师的节奏温故知新，面对疑难要学会利用课余和自习时间积极向老师和同学虚心请教，切勿漏洞越来越多，"千里之堤，溃于蚁穴"，"亡羊补牢"为时且不说晚不晚，但届时学习的节奏和进度会非常受影响，一下子面对一堆问题则极容易产生畏难情绪和逃避心理。

（二）踏实过好每一天

"合抱之木，生于毫末；九层之台，起于累土。"高中三年再多也就一千零几十天，一千零一夜的故事也有讲完的时候，高中三年这本再厚重的书也总有翻完的一天。可能身处中学阶段的你们觉得现阶段的拼搏和辛苦将会持续很长一段时间，想着什么时间才可以真正获得精神上的轻松与解放，面对此种想法最好是做好当下，从扎实学好每一堂课开始。保持好奇心去认真对待每一堂新课，保持求知欲去弄懂每一个知识点，保持反思力去查漏补缺每一天……往前走，可能不经意间回头看，我们已经走了很长的路，高考这个"终点"也并不遥远。

（三）务实做好高中生

高中三年，我们可能会听到各种振奋人心的口号和标语，这些都可以增加我们前进的勇气和动力，但若要将其转化为现实，必须求真务实。记得高中有一次很久没锻炼，在运动会上报名了800米中长跑，以为凭着初中阶段的成绩应该可以一赛。可结果是，即使赛前做了热身，但在赛场上跑步时发现硬实力才是底气，再多的内心自我鼓舞都无法直接转化成速度冲在前面，就这样被好几位选手一路超越，最后气喘吁吁凭着一口气跑完了全程，比赛成绩非常一般。那一次，我深刻意识到，精神确实可以支撑我们走完一段漫长的路，但若只有精神没有实力，能做到的也十分有限。

二、自主、主动、动力

以这组顶针词作为第二个标题，因为其是我再回首高中阶段时认为十分关键的一环。扎实、踏实、务实这"三实"是基础，一定程度上决定了我们每个人的下限，如果想去超越自我，创造自己的上限，自然离不开一些主体性的发挥。

自主意味着一天下来要知道自己掌握了哪些知识，哪些知识又有所欠缺；一段时间下来要知道自己擅长哪一块儿，又欠缺哪一块儿。要得到这些反馈，从每天作业的正确率、从每次考试的扣分点等细节入手，做一个学习上的有心人。列一下思维导图，画一画知识框架，这些都可以促使我们去自主地判断。

在这样自主的基础上，有意识、有计划地主动去或查缺补漏或保持优势，这样便可丰富掌握的知识，并有效提升成绩。在紧跟学校教学的基础上，保持一定的主动性。主动探索学习资源、主动摸索做题方法、主动调整学习策略……保持主动才能够在紧张单调的学习中找到前进的动力，而不是一味被动接受和稀里糊涂混天熬日头。

在高压的环境中，一定要找到自己的动力源，或是自己心驰神往的名校，或是父母家人无条件的爱与陪伴，或是高考后某个心仪已久的城市，或是每天打怪升级的小小成就感……动力源不在乎大小，能够支撑自己走完一段路即可。

无论何时何地，请各位小朋友们记得"一份考卷是总结，而非人生。尽力将它答得漂亮，可无论如何不要被束缚。更远的路、美好的未来。尘埃落定后，是新开始，不是终止"。

最后，翻到了我高中时特别喜欢的一句话，送给有缘读到这篇文章的小朋友和大朋友们：

"我所要求的，不是你能考上哪一所大学，我只是希望你18岁之前，能有那么一段意气风发、勇于拼搏的岁月，而这段时光，不管结局是美好还是黯淡，在你人生长河里都必然会熠熠生辉。没有人能够否认，这段埋头苦读的青春，回望的时候会绽放出最璀璨的花朵。"

我将带着你继续前行

◇ 其 奇

你从未离开,你在我的记忆里翻滚如江水奔流,回忆你使我获得无限前行的勇气。毕业后数次回校探望,看秩序依旧,学生朝气蓬勃,上课、下课、跑操,熟悉的铃声一响起就拉回我到高中,仿佛我也从未远离,仿佛我会一直在这里,下一秒我就要回到教室正襟危坐,和同学一起认认真真上课,听老师在耳边絮叨。

我的高中啊。

那是三年封闭的日子,也是在欢笑和泪水中挣扎成长的日子,三年倏忽过去,如今我隔着整整两年和你对望,片段和场景在脑海里复现,多么美好和难得的时光。

几周前高中同学发给我几张照片,稚嫩的高中学生模样,一张是昏暗的场景下我用手挡住脸,大概是发现她在拍照所以下意识遮挡,另一只手拿着杯子将要喝水的样子。啊，我想起来了，高中有几次停电，而这张照片正是其中一次的产物。

几次停电都是隐秘的快乐。记得晚自习时，周围突然暗下来，望过去对面的楼栋也漆黑一片，知道是停电了，当时还尚早，高二学业也并不繁重，我们稀稀拉拉地开始聊天，一些人打开平板的灯光对着桌上的作业开始写，一些人拍照玩耍，留下许多宝贵的影像。有一次停电，我和同桌共用一个平板当作灯写作业，我悄悄录下全程，内存满了也舍不得删，画面上的我们都在练字，语文老师布置的日常作业，你我都一笔一画仔仔细细地写。正是在那些灯光如星星的场景下，一切都清晰地向我展开，我看不清大家的表情，却能够想象到种种愉悦、懊恼、困惑、悲伤。我真的以为那些时刻会永恒。

高二下学期有一次班里举办戏剧节，《红楼梦》《雷雨》《夏洛特烦恼》《窦娥冤》等，我们选角色改编剧本，准备工作前前后后做了蛮久，彩排数次，演出的那个下午每个人都很兴奋。印象最深刻的是《雷雨》里精心准备的服化道，动情的表演至今难忘却，剧本不再只是文字，经由人的参与，成为更生动和真实的记忆。忍不住要说那句"我们是如此热爱戏剧"，老师为我们录下视频。表演结束每个人都拿起话筒说了一点话，所有人一起画下一个完美的句号。全部收拾整理完已经快晚上

7点，食堂当然早就关门，我们一群人簇拥着来到超市，买下一桶桶泡面，然后来到教学楼天台吃饭聊天，或靠墙蹲着、或站着，相互调笑说起话剧里的场景，心更为紧密地联系在一起。日后联系还延续着，高中的朋友去了同一个城市上大学，生出亲人般的亲密和依赖。

高三有段时间疫情很严重，一个月都封在学校里不能回家，父母为我们带来衣服、零食、饭菜，在校门口等待下课的我们去取，隔着校门说几句关心照顾彼此的话，忍下眼泪道别。我记得保温桶里热腾腾的饭菜，我们曾一起共享；又或者周末买一点小零食和水果前前后后分享，为彼此消除数学课带来的困倦。不能回家的那段时间，学校允许我们周日到教室看电影，大家和老师商量好要看的电影，带上零食饮料，亲密的朋友换座位坐在一起边看边吃边聊。放的几部都是正能量的影片，有几部是抗疫的，看完了《功勋》，也看了几集当时很火的《觉醒年代》。教室里灯都关掉，窗帘紧紧拉住，黑暗让人觉得安心而放松，有时老师从后门溜进来和我们一起看。

同样也是高三，老师决定让我们的同桌流动起来，希望大家可以吸取更多同学的优点，更好地相互帮助。换同桌从此成了我最期待的环节。每两周一次，班长写好小纸条放进盒子里走遍整个教室让我们拿，抽奖一样刺激好玩。如果抽到相同的数字就意味着你们会成为同桌，A是左边而B是右边。然后是挪桌子换座位、打扫卫生，开启新的两周。每每换到新同桌我都会拉着他聊一整个晚自习，或许是听他们自说自话，更多是我提问而大家耐心地给出回答。那时觉得大家都好友善，深度聊天能够看到在日常相处之外无法触及的真诚和自我发现。困惑时他们给我安慰和解答，上课下课我们说一些废话开彼此的玩笑，亲密无间。

还记得有次年级第一坐在我前排，下课时，我、我的同桌和年级第一的同桌围着他问历史题，他一道道耐心讲解，循循善诱颇有老师风范。也记得英语老师喜欢叫英语成绩好的同学上讲台为大家讲解试卷，同学在讲台上公布正确答案，然后从A篇开始，到BCD篇，然后是七选五、完形和语法填空，最后到改错。他们讲自己对每一篇阅读的理解，长难句重点句分析，语法和生词的补充，我的的确确受益良多。

我也记得解不出题的无措，跑操时的疲惫，有时关于意义的眩晕袭向我，使我挣扎着扑腾般地向周围人询问，为什么？苏轼曾给我解答，被贬的经历，困顿之后以写诗作为出口纾解，在诗里我看到豁达，我曾在他身上得到很多力量。"同行皆狼狈，余独不觉"，他沉浸在自我的喜悦里因而终于可以不在意外界种种，或许可以称为"超然";还有一些句子,从前我只是把它们刻在我的脑子里,并未发觉也不能理解他写下的原因,甚至有些直到现在才明了背后的含义,当然不能说我懂得了他,只是过去和现在相互映照,过去的一切对如今的我又生发了更多的意义。

语文老师的苦口婆心,沉静而富有力量的话语好像还在耳边回响,记得老师推荐的一本本书,也记得同学的课前展示和讨论,都不仅仅在那个当下让我备受触动,也在我的生命里闪着光。也庆幸在课余时间读了一些书,尤其是已经渗透进我生命里的《刀锋》,那些时日全部的感悟和启示都来自它,也是它在无形中启示我选择如今的专业,和拉里一样,我继续踏上追寻自我的道路,追寻一个"完满"的可能。我以为完满只有哲学才可以给我,填报专业时我毅然决然把哲学放在每个学校第一位,最终也顺利被中山大学哲学系录取。还包括《你当像鸟飞往你的山》《宠儿》《罪与罚》,在我枕边伴我入眠,也是我精神上的支持和陪伴。不自觉想起被老师没收的几本书,毕业后终于拿回,沉甸甸捧在手里像是三年的高中岁月也被我捧在手中了。

很期待每一次语文考试完的范文分享以及对一个主题的深入拆解和思考。看身边的同学如何精妙地把例子嵌入观点,逻辑自洽而论证有力,排比和比喻无法让人不惊叹，我一直对能够熟练运用字词句的人抱有很单纯的迷恋。高中大家都有摘抄本，我时常从报纸、作文素材、书本里摘抄一点感兴趣的东西，闲的时候拿出来看看也觉得身心愉悦，语文好像也成了能够给我很多期待的东西。

对数学我是爱恨交加，我非常喜欢立体几何，每拿到一张数学卷子最先开始看立体几何，直到有把握解出，终于像打了一针安心剂一样才开始做其他。但是对于函数和导数、解析几何之类我就无从下手，头疼。我把这一切归结到网课头上，全然忘记网课期间我的摸鱼划水，本质还是自己不努力。但到后期确实发现做题很重要，喜欢的东西当然想要多吃一点，所以立体几何做起来总拿手而总是避开函数导数之类，但考试的时候是没法避开的。很多人也说，兴趣不是一开始就有的，是在反复的学习和练习中慢慢获得的，听起来像是自我麻醉但我也以为有道理，只有你更多地了解它，才可以发现它的美，而不是抱着偏见将自己和它隔绝。

因为班主任是英语老师所以我对英语不得不下苦功，高三基本每天一套卷子，每周一篇作文，在做题时除了可以得到成就感外，常常能发现阅读或是完形填空里一些感人的故事、奇妙的词汇用法和称得上优雅的长句，那时就觉得语言是很有生命力的东西。记住那些词汇和句子，然后在作文里运用它们也是不错的体验，真正地学以致用才会让我感到学习的快乐。

我是标准的文科生，政史地选手。政治自不必多说，多记多背，从材料入手，找关键词然后用知识点切入，先罗列知识再摆上你的观点和材料的结合。学到必修四哲学，当时记背的东西依然在脑海里回响，虽然一些东西随着经历和知识的增长而消失或演变，但也让我了解到有哲学这一学科的存在，何尝不是一种打基础。历史的选择题总是好玩也难以捉摸，虽然没有地理那么玄，但随着你挖掘，从一道选择题里你就能获得一些知识点，这也是历史的魅力所在了，教科书所讲的永远只是历史的一小部分，而题目让我们有了了解它更大的可能。地理的话，我偏爱自然地理，尤其是地球运动那块，觉得自转公转都好有趣，而经纬作为确定时间和地点的尺度是真的作用极大。我在文科里收获了太多。

想要给处在高中的你们一些学习技巧总结和建议，有时候也在想，学习并不只是在学生阶段要进行的事情，更是贯穿整个生命，形塑你的思考和行为方式，影响人生观念的所谓"能动性活动"。希望我的这些建议能够在一些方面触动和启发大家。

语文学习日常其实无需花费太多工夫，认真听老师讲课，平时积累一些写作和答题技巧就好。写作积累可以根据话题逐个展开，在一个大的主题和框架下联想和积累和这个主题有关的种种，如"教育"可以连接到德智体美劳，接下来可以围绕这几个点展开，也可以在网络上搜索相关话题，记录下一些可以当作作文素材的句子和事例。积累固然重要，个人观点的表达也同样是必需。在收集素材之后，你可以围绕自己喜欢的话题或者某个感兴趣的点给出自己的想法，记在积累本一侧，之后再回看或是写作文时这些感悟会跳出来，使你的写变得流畅自然。同样，这种对感悟的写下也是一种写作的思维训练，在脑子里过过是不够的，写作是进入和铭记的方式。而要应对考试，记忆和总结不可缺少。对于前几篇阅读题，需得多多训练然后掌握答题技巧，找到文段与题目、选项之间的联系，准确地把握文段的信息。小说、散文则需了解惯用的写作方法和技巧，一些题目也围绕着主题展开，对于小说就顺着情节串联逻辑摸出其大意；散文则需要抓住不变的部分，作者在整篇文章中都在强调的事物，然后根据作者在文段中透露的信息去答题。要背诵的篇目不必过于担心，大量的重复和记忆会让它在你大脑中牢固，同时也带给你成就感。而这些东西会在将来的某天真正走入你，如史铁生的子弹正中眉心般的彻悟。

数学所考查的是在面对某个知识点时你探究它的方

式，每个类型的题目有固定的知识点和相关的公式，以及在应对题目时所谓的可以套用的答题模式。无论是答题的思路还是计算都需认真对待，数学也重视细心程度，它不能容忍任何错误。

英语除了常规的背单词和句式，多做题以掌握答题技巧之外，也可以把平时所做的试卷利用起来。在阅读题中积累好的词汇和用法，同时也去体味语言本身的美，有助于更好地记忆。闲暇时有条件可以听听英文播客，让英语的整个思维模式和语境灌入大脑，对听力、阅读和写作都有极大的助益。平时也可以阅读一些英文杂志和报纸，我们当时有订 Teens，老师会布置任务然后在课上带我们细读，同样也可以积累生词和句式。

在地理中，自然地理重要的是知识点的记忆和运用，在面对题目时的联想和构造能力，比如地球运动，如果能够经常在头脑中想象地球的整个立体的运动，想象太阳和地球如何运动、四季的轮转和太阳方向的变化，相信对于这方面的答题是很有帮助的。人文地理是知识点的整合和汇总，有时也需要一点超出寻常的想象能力，因为有些答案按照正常路径来想实在想不到啊。个人认为政治是文科中最简单的，只需要大量地记忆和了解每个知识点的来源和它可能对应的材料，选择题和大题就都没有问题。同样也有固定的答题模式，比如先列要点然后再结合材料进行分析。而历史，每一次的历史考试总能让我学到新的知识点。选择题考查的是选项和题目的对应程度，有时无法直接推断出答案，就用排除法进行选择，在历史选择中这种情况经常发生，历史太过庞杂，只能一点一点填补和充实每个细节。答大题时，最重要不过原因和影响，不能拘泥于材料，更应该结合所学的相关知识，对整个大的背景进行考量。

对每一门学科来说，记忆都是根基，所有的思考和作答都是从记忆和积累中生长出的事物。而记忆和积累需要时间和精力的投入，把自我全然投注在学科的学习中，了解它们的脉络，构筑自己的学科思维和体系。抛去这些固定的因素，由于最终的检验方式是考试，心态也是相当重要的部分。尤其对于高三学子，肩负老师、父母和自我沉重的期望，有时可能会陷入焦虑和抑郁当中。我们需要放松下来，以平常心应对每一次考试，尽力就好了，不必怕，所有的恐惧和焦虑都是头脑的幻觉，你只需应对自我的现实，只需先做好自己所能做的事。或者可以找到一个支柱来支撑自己，比如一个小的爱好、一个能够让你不断前进的偶像，如果考试和强制的学习使你感到自我的无力和空虚，那么就通过这些事物把自己找回来，重新系挂在世界上。

我也曾数次崩溃，考试前盯着复习资料默默流泪，在上面写一些不知所云、满是质疑和迷茫的句子。幸好一切都过去了,毕竟时间不会停留在任何时刻,它在永恒地往前走,一切总会过去,你终将摆脱什么也迎来什么。祝每一个人,尤其是处在高中的你们,都好。

  回想到这里我满心是感谢,感谢遇到的所有老师和同学,我曾有幸参与到他们的生活中,也感谢他们在我生命里的出现。并不顺意的大学生活因为这种回想好像有了它前行的方向,是的,即使停电了我们还有光。必然的相遇和分离,我早已远去的高中岁月,我携带着与你们共处的记忆,走过我两年的大学时光,也将走向接下来人生的每个阶段,我时刻珍重着。

一个高考失败生在衡中重生的一年

◇ 王惜惜

在高考来临之前,不,准确地说是在出成绩之前,我从未想过自己会失败。

从小我就是"别人家的好孩子",成绩优异,一路以第一名的成绩闯到了初二,无论是学习还是生活都很自律,从不用父母操心担忧。但谁也没想到,第一次高考我却连一个211都没考上。

如果让我总结失败的原因,我想是三点:过分自信、过分散漫、过分安逸。第一次参加高考的我完全没有意识到这个世界的竞争到底有多残酷,面对40万的高考大军,我对自己的排位从未有过清晰的认知,安于一隅,就像那只坐井观天的青蛙。第一次参加高考的我也完全没有意识到时间的紧迫性,我在高中提前过上了大学般自由的生活,上课走神,下课聊天,一顿饭吃一个小时,晚上回宿舍还要和室友彻夜畅聊。第一次参加高考的我更没有意识到什么才是真正的努力。那个时候我以为每天早起背书，上好晚自习就是努力，我以为午休趴在床上做两道题，晚上开着台灯看一会儿书就是努力，我以为只要我付出的时间足够多就是真的努力了。后来才发现，原来自己一直活在自我感动中，一切的努力都只是做给自己看而已。而这些，都是在我来到衡水中学后才逐渐察觉的。

提到衡水中学，相信大家都不陌生，但想必大家也只是闻其名，却未曾详其实。在很多人眼中，它是魔鬼训练营，是高考加工厂，但就是这种看似违背人性的加工方式造就了一批又一批的清北状元，也重造了高考失败的我。

认清自己，重新出发

高考失败之后，我也在复读和升学中犹豫徘徊了很久，一面是自己不甘堕落、不满于此的心，一面是对复读的恐惧，害怕自己付出一年换不来好的结果，害怕自己难以适应衡水中学紧张严酷的学习生活。不过幸好，最后不甘战胜了恐惧，我来到了衡中，开启了一年的封闭式训练。

在这里我也终于跳出了井底,看到了自己与别人之间的差距。衡中的学霸实在太多,数学满分、理综满分在学校都算不上什么新闻,来复读的同学高考成绩也都达到了一定门槛,每个人都抱着不上清北誓不罢休的心态来这里再拼一回,而我的成绩只能在复读班里排中上游,如果加上应届生,我不过是一个普普通通的中等生,这是我过去的十八年从未想过也不敢想的事情。这样的现实像一记重拳狠狠打在了我的头上,敲醒了我,这个时候我才意识到什么是竞争。

有的时候,人最可怕的不是不够优秀,而是以为自己足够优秀。这个世界很大,人也很多,优秀的人更是数不胜数,但我们时常会受视野影响而盲目自信,从而不思进取。所以很多时候,我们还是要多出去走走,多看一看,把自己放到更大的范围内去作横向的比较。自己是否优秀,不是自己给的评价,也不是别人的看法,而是和他人的比较。

调整节奏,奋力赶上

说实话刚来衡中的时候确实非常不适应,因为在这里,除了学习休息,其他所有事情都是5分钟,早上起床5分钟,吃饭5分钟,晚上洗漱也是5分钟,这对有轻微洁癖的我简直是一种折磨。但后来发现，其实没有什么是不能被改变的，如果有，那一定是被逼得还不够。

鲁迅先生说："时间就像海绵里的水，只要愿意挤，总还是有的。"这句话我也常挂在嘴边，也常常欣喜满意于自己"挤"出的学习时间，但来到衡中之后我才明白，在之前的学习节奏下，空闲时间一大把，哪里需要挤呢。在衡中大家都是分秒必争，早起铃声一响，大家会迅速涌出楼门，以最快的速度跑到操场集合，曾经有老师计过时，最快的同学可以1分钟以内到达，5分钟到达的就会略显尴尬，因为那时操场上已经站满了人。站定后，每个人都会掏出前一天准备好的复习资料，在昏暗的路灯下大声朗读背诵，整个操场充斥着整齐又嘈杂的声音。早读过后是早饭时间。在衡中吃饭是很有意思的事情，因为你会看到各种姿态的同学，有为了节省排队时间，百米冲刺到食堂的，有为了多复习一个题，拿着书本排队的，有为了快点回到教室学习，拿着餐盘边走边吃的，在这里，大家不会在乎哪个窗口好吃，只会在乎哪个能更快吃完。

1分钟看似很短，也很少，可能连一道题都做不了，但有时候人和人之间的差距就是在这1分钟产生的。当你不想努力，想浪费眼前的1分钟时，不妨想想，在平行时空里，有一群人正在奋笔疾书，你少了1分钟，别人就多了1分钟用来超过你。不是我在"鸡娃",而是我们面临的竞争就是如此激烈。

讲到这里,你可能会质疑,衡水中学的学习节奏如此紧张,学生可以得到充分的休息吗?我的回答是,可以,而且非常充足。因为在衡中,休息就是休息,学习就是学习,学习的时候要拼尽全力,休息的时候也要忘掉一切,凡是在休息时间做其他事情的,包括偷偷学习,都会被通报批评。也正因如此,每位同学每天都能得到充分的休息,能够保证自己睡觉时心无杂念,醒来时斗志满满。

掌握方法,事半功倍

每年高考结束,高考状元就会成为大家讨论的话题,他们有的是天赋异禀,有的是勤奋刻苦,但无论是哪种,相同的是每个人都必定做过很多题。对于这一点,很多过来人应该都深有感触,相信大家也在网上看到过衡中学生秀出的如山一般延绵的试卷,在衡中,三天一小考五天一大考是常态,每天都有做不完的卷子,只要你想做,老师就能给。在衡中的一年,我的手指甚至磨出了茧子,这个茧子在上了大学后一年才完全消除。

但其实做题并不是最可怕的,最折磨人的是整理错题。在衡中，每个人每一门课都要有一个错题本，这个本子主要是用来记录整理平时练习和考试中做错的题，错第一遍要整理，第二遍、第三遍也要整理，只要你做错了，无论是第几遍、题多简单，都要原封不动地重新整理一遍，直到不再犯错。错题本有三个用途：一是可以把错的题再复习一遍，理清思路；二是方便复习，基本上考试复习前我们都是看自己的错题本，这大大提高了复习效率；三是让自己长记性，因为同样的知识点只要错了就得整理一遍，如果总在一个地方栽跟头就要一遍一遍地整理，真的很烦。至于如何整理，为了节省时间，大家可以把错题直接剪裁下来，用胶棒粘在本子上，然后在下面把正确做法亲自再写一遍，同时还要写出解题思路和易错点，提醒自己不要再犯。

高中的学习，大量刷题必不可少，只有积累了一定的量，才能有质的提升和飞跃，这体现在做题速度和解题准确度上。其实大家不要小看和忽视那些你做了一遍又一遍，看起来又非常简单的题，在考场上考试时间是有限的，我们要做的就是在有限的时间里拿到最多的分。但有一些题是比较难的，也就是我们常说的那些可以拉开差距的题，这些往往需要一定的时间去思考和解答，所以我们就要尽可能减少在简单题、熟悉题上花费的时间。我的高中数学老师有一句经典口头禅"这题还用动笔吗，你瞪一眼不就出来了吗"，不过遗憾的是，直到毕业我也没有练就这个本领，我想，可能就是我的题做得还不够多吧。

保持平静，按部就班

高中的学习除了考验人的耐力，更考验人的心态。这个阶段，学习压力大，很容易被一些小事影响情绪，就拿我来说，高中时我患上了很严重的强迫症，每天离开宿舍都要把床单扯得平平的，如果哪里还有褶皱，即便是快要迟到了我也不会离开，直到把床单舒展好。下楼之后也总会怀疑自己没有锁好门，经常苦哈哈跑到6楼再去看一眼，每次考试必须带上我用了三年的橡皮，不然就会很心慌。那个时候真的被自己折磨得很惨，自己也会下意识地去和自己做对抗，但都失败了，直到我来了衡中，强迫症一下就被治好了。可能是因为时间真的很紧迫，我再没有时间去整理内务，再没有时间去胡思乱想，即便是考试成绩下滑了，我也不会伤心太久，因为下一次考试很快就到了，我很快就会获得再次进步的机会。

在复读前，我无数次设想过如果自己又失败了会怎样，我是否能承受这个冲击，也因此我犹豫了很久要不要复读。但从我进入衡中学习直到高考结束前，我居然一次都没有想过自己是否会失败，因为节奏实在太快，大家都在往前走，根本没有时间也不会让你去想未来的事情，每个人都奋力过好当下，按部就班地一步步向着终点迈进。

  高中生活，犹如一场漫长而深刻的修行，在这段旅途中，我学会了坚持不懈，学会了不屈不挠，在成绩的高低起伏中，收获了面对困难的从容与坚韧，最终，也顺利考入了中国海洋大学，开启了我绚烂的四年大学时光。整个大学期间，我行而不辍，辛勤耕耘，获得了国家奖学金，并以专业第一的成绩保送至中国人民大学攻读硕士研究生。高中的旅程虽已落幕，但却在我心里留下了永恒的光芒，且为我之后的漫漫人生路奠定了坚实的基础，相信未来的你也会一样。

用"心"备战,抵达彼岸

◇晴 天

高考是一场人生中严峻的考验,我们将三年的青春、热血与拼搏,化作战场上的利剑,直面这场决定未来的战争。每一页书本,都是我们挥洒汗水的见证;每一道题目,都是我们奋力拼搏的标志。在这场充满挑战与机遇的战争中,成功的关键在于科学备考,合理利用每一分钟,调整心态迎接挑战。我在高考中顺利考进了中山大学,下面是我在高考备考过程中的一些经验总结,分为每天时间分配、重点科目复习技巧、心态调整和应试技巧这几个方面,希望这些经验能为大家的高考之路点燃希望的火炬。

在时间分配上,我们要找到自己的节奏,才能步步为营。高考的备考不是一朝一夕之功,而是需要有条不紊地长期规划。我们可以每天设定一个小目标,设定明确的学习目标，制订系统化的学习计划，将学习时间分为几个时段，每个时段集中学习不同科目，可以具体到某一章甚至某一节。就我来说，早上空气清新，头脑比较清醒，最适合进行记忆性的学习，我往往利用早上的时间来背诵语文文言文和英语词汇；午后的时间则可以用来解决数学问题，这段时间逻辑思维最为活跃；晚上的时间可用于检查当天的学习效果、查漏补缺。每天开始复习前，我都会制订一个清晰的任务清单，列出当天要完成的学习内容和目标。比如：上午完成语文选择题和阅读理解，下午完成数学某章节的复习和习题，晚上做英语阅读理解题。任务清单可以帮助我保持学习的有序性，使复习有条不紊地进行。在高强度学习的同时，也要重视身体的休息。高效的学习不仅依赖于时间的投入，更需要健康的体魄支持。每学习一个小时左右，看看远处，活动活动身体，帮助大脑恢复活力。此外，每天最好保持适量的体育活动，如跑步或打球，可以帮助我们释放学习压力，保持良好的精神状态。最重要的是要确保充足的睡眠时间，只有保持优质睡眠，才能保障备考的高效性。

对于不同的科目，我们要采取对应的复习技巧，精准施策，才能事半功倍。就语文来说，语文主要包括选择题、阅读理解和作文等几类题型，包含古诗文、说明文、小说等不同类型的文体，在古文方面，需要熟悉古文的常见词汇和句式，可以积累背诵一些经典的古诗文提升语感。在阅读理解方面，多做阅读理解题，掌握不同题型的解题方法。可以掐表计时，提升阅读速度，注意总结出每篇文章的主旨和写作手法等。在作文写作方面，最好定期进行作文训练，只有自己动手写才能下笔如有神。可以模仿优秀范文的结构和语言风格，注重表达的逻辑性和内容的丰富性。平时多看看时评来锻炼通语言表达能力，提高思维深度。

数学则注重逻辑性，复习的关键在于理解和掌握基础题型及其变体，在此基础上多做题、多思考、多总结。首先打牢基础，重点复习数学的基础概念和公式，确保对每一个基本概念和解题技巧的牢固掌握。做大量的基础题有助于夯实基础。在此基础上逐步攻克难题，逐步挑战难题，通过分析解题思路和方法，提升解决复杂问题的能力。重复做历年的难题，对解题技巧进行总结。

英语学习的关键在于语感，身为非母语者的我们需要利用周围环境，创造一个沉浸式的语言环境，包括随身听英语广播、看英剧美剧等。当然，刷题也有助于英语成绩的提高，在词汇与语法方面，每天背诵固定数量的单词，并复习一定数量的语法点。可以使用记忆卡片或词汇书系统学习，增强对词汇和语法规则的掌握和运用。在听力方面，坚持每天进行听力练习，选择多样化的听力材料，如新闻、影视剧对话和 TED 演讲等，提高信息抓取能力和理解能力。在阅读与写作方面，每天保持一定数量的阅读理解和写作练习，可以反复练习历年的高考题目，总结常见题型的解题技巧。多阅读并模仿优秀文章的写作风格，总结自己的写作模板，以便考场上灵活运用。

另外，错题整理是十分重要的，建立一个自己的错题本，记录下难题以及多次错误的题目，总结错误和难点，标明解题过程。定期复习错题，避免重复犯错，根据错题总结出适合自己的解题方法。

在心态调整方面，我们要以静制动，才能心无旁骛。备考期间，存在来自老师、父母、同学等各方面的压力，有时候让人崩溃的不是不理想的成绩，而是从比较中产生的挫败感。好的心态是成功的关键，我们的对手只有自己，我们自己也是我们最坚实的战友。我们要学会放松心情，在感到紧张时可以通过深呼吸来释放紧张情绪。适当的休闲活动，如阅读、听音乐或与朋友交流，也有助于舒缓压力，保持良好的心理状态。适当的放松并不会影响学习，反而会提高学习效率。此外，保持自信是至关重要的。在备考时，难免会有成绩不理想的时候，此时我们不能自我否定，相反，我们要肯定自己，告诉自己失败是成功之母,相信自己的努力和能力会迎来胜利的果实。我们可以设立切实可行的目标,并为每一个小目标的达成而激励自己。面对挑战时,保持积极的心态,勇敢迎接,尽全力发挥自己的最佳水平。要知道,动力不仅来源于自我的肯定,更来源于家人、朋友或老师的鼓励和陪伴。与家人、老师、亲密的伙伴保持良好的沟通,分享自己的学习进展和遇到的困难,寻求他们的支持和建议,不仅可以得到鼓励,也能获得宝贵的学习经验和资源。适时的支持和鼓励,能够为我们提供更多的动力和信心。

  在应试技巧方面,要学会巧妙布局,精准答题。考试前夕,我们需要从模块化的复习转变成应试模式。考试前一星期,可以每天在固定的时间中做一套真题,并及时订正,总结自己在知识点、心态、时间分配等方面的问题,在下次模拟前进行调整。此时不应再纠结疑难问题,而是要保证做题的准确率和高效性。考试前一天,我们要做好充分的准备,确保所有考试必需品如文具、准考证等齐全。提前熟悉考场环境,了解考试的具体要求和流程,调整作息时间,确保在考试当天能够保持最佳状态。在考试时,首先快速浏览试卷,了解题型和分值分布。仔细审题,确保准确理解每一道题目的要求。合理分配时间,先做自己擅长的题目,难题留到最后再解答，避免因单题耗时过多而影响整体答题进度。合理安排答题时间，确保每一道题目都能在规定时间内完成。对于选择题，先做确定性高的题目，再逐步解决其他题目。对于主观题，注意答题的条理性和逻辑性，确保答案完整且符合要求。高考不是终点，而是终于结束的起点，考试结束后，我们要进行自我总结和反思。分析考试中的表现，总结成功的经验和需要改进的地方。无论成绩如何，保持积极心态，总结经验，为未来的学习和挑战做好准备。

高考不仅是一场知识的较量，更是对我们耐心、策略和心态的全面考验。通过科学合理的时间分配、精准的科目复习技巧、积极的心态调整和高效的应试策略，我们才能够在这场战斗中脱颖而出，实现自己的目标。每一次的努力，都是我们迈向成功的阶梯。让我们以满腔的热情和坚定的信念，迎接高考的挑战，谱写属于自己的辉煌篇章。

高考之后，我又经历了考研，如愿考入了理想中的殿堂——中国人民大学。考研与高考既有相似之处也有不同的地方，对我而言，高考像是百米冲刺，大家都站在同一起跑线上，比的是谁能跑得更快；而考研更像是选一对合适的鞋子，学校的选择是我们备考的起点。考研和高考一样，都需要长战线的准备，因此，坚持是备考路上至关重要的精神保障。坚持,是面对成功时勇往直前,是遭遇挫折时咬牙忍耐,是对日复一日的平淡生活甘之如饴。只要心怀希望,相信我们一定能达到胜利的彼岸!而毋庸置疑,中学是最纯粹的时光,高考是最为公平的赛场,愿你们以梦为马,珍惜韶华,给自己的青春交出一份满意的答卷。

越努力越幸运

◇ 阿　洁

时光匆匆，犹如白驹过隙，转眼间我已经从那段青涩的高中岁月中走出，步入了更加广阔的人生舞台。回首那段充满挑战与成长的时光，我的心中充满了深深的怀念与感慨。高中的学习，是一段既漫长又短暂的旅程。它如同一首悠扬的乐曲，时而高亢激昂，时而低沉婉转。在这段旅程中，你们会经历无数个日夜的奋斗，也会收获知识与成长的果实。

或许此刻的你，正被繁重的课业压得喘不过气，又或许，你正对未来的方向感到迷茫与不安。但请相信，无论你现在处于何种状态，都请牢记一个简单而深刻的道理："越努力，越幸运。"这不仅仅是一句鼓励的话语，它是无数前辈用汗水与泪水铸就的真理，是通往成功之路上最坚实的基石。

应该如何努力？我认为明确学习目标、培养良好的学习习惯、掌握科学的学习方法，能让我们的学习之路更加顺畅。

一是明确学习目标，制订合理计划。首先，我们要明确学习目标。目标是行动的指南针，只有明确了目标，我们才能有针对性地制订计划，进而更有效地学习。比如，你可以将目标定为"数学成绩提高20分"或者"在语文作文上拿到更高的分数"。

而制订计划是实现目标的关键。一个合理的计划应该包括以下几点：（1）长期计划和短期计划相结合：长期计划可以是整个学期或学年的目标，短期计划可以是每周或每天的学习任务。（2）具体而可执行：计划中的每一项任务都应该是具体、明确的，比如"今晚完成数学作业第5-7题"而不是"今晚做数学作业"。（3）合理安排时间：要根据自己的生物钟和精力状况来安排学习时间，确保在状态最好的时候学习最重要的科目。（4）留出调整空间：计划不可能做到完美无缺，因此要留出一定的调整空间，以便应对突发情况。

二是培养良好的学习习惯。良好的学习习惯有助于提高学习效率，达到事半功倍的效果。一是要定时定量学习：每天固定时间学习，并规定好学习的量，避免拖延和临时抱佛脚；二是要专心致志：学习时要全神贯注，避免分心。可以尝试使用番茄工作法，即25分钟专注学习，5分钟休息；三是坚持复习与预习：及时复习巩固所学知识，预习新课，以便更好地跟上课堂节奏。四是做好笔记：课堂上认真听讲并做好笔记，有助于加深记忆和理解。五是勤于思考：不仅要记住知识点，还要思考其背后的原理和逻辑，培养自己的思维能力。

三是掌握科学的学习方法。高中阶段会面临大量的科目、知识点，掌握科学的学习方法才能将知识快速记忆、理解、运用。推荐的有联想记忆法：将新的知识点与自己熟悉的事物相联系，有助于记忆。比如，记英语单词时，可以将单词的发音或拼写与某个图像或故事联系起来。归纳总结法：学完一个章节或单元后，尝试用自己的话总结所学内容，有助于加深理解。题海战术与精做题相结合：通过大量练习巩固知识点是必要的，但要避免盲目刷题。精选一些有代表性的题目进行练习，并认真总结错题原因和解题方法。利用多种学习资源：除了教科书和辅导书外，还可以利用网络资源、学习App、教学视频等多种学习资源来辅助学习。合作学习：与同学组成学习小组，互相讨论、分享学习资料和心得，有助于拓宽思路和解决难题。

上面讲了学习方法，下面我们来谈谈为什么越努力才会越幸运。

老话说得好，努力不一定会成功，但是不努力一定不会成功。我从来都觉得，这个世界上不缺乏聪明的人、有能力的人，但是缺乏努力到极致的人，很多事情其实你只需要比普通人更努力一点点，你的结果就会不一样。就像我高中时废寝忘食、集中精力攻克数学大题难题，我才能在高考时超常发挥、数学考出145分的成绩，并进入中南大学；大学时，每天抢占课堂第一排，认真听讲，下课后去图书馆再总结、记忆一遍课堂知识点，我才能幸运跳过考研、以年级第一名的成绩保送中国人民大学法学院；研究生时，利用寒暑假在图书馆读书、写论文，认真完成每门课程和考试，我才能幸运获得两万元的国家奖学金。求学路上，我很幸运，但这份幸运并非与生俱来，而是努力积淀的结果。

一是努力是成功的基石。成功从来不是偶然的，它背后往往隐藏着无数的努力与坚持。学习成绩的提升，无一不是通过日复一日的刻苦学习换来的。当你看到别人在考试中取得优异成绩时，不要只看到他们表面的光鲜，更要看到他们背后付出的汗水和努力。努力不仅仅是对时间的投入，更是对自我潜能的挖掘。通过不断的努力，我们可以发现自己的不足，进而有针对性地进行改进和提升。这种自我完善的过程，本身就是一种成长和进步。而当你不断地成长和进步时，你就会发现自己离成功越来越近。

二是努力能够创造机遇。"机会总是留给有准备的人"，这句话道出了努力与机遇之间的紧密关系。在高中阶段，我们可能会面临各种各样的机遇，比如参加学科竞赛等。然而，这些机遇并不会无缘无故地降临到每个人身上，它们往往需要我们去主动争取和把握。而努力，就是我们争取机遇的重要资本。只有当你足够努力，具备了相应的能力和素质时，你才能在机遇到来时毫不犹豫地抓住它。比如，在准备学科竞赛的过程中，你需要投入大量的时间和精力去学习相关知识、练习解题技巧。当你具备了足够的实力时，你就有可能在竞赛中脱颖而出，从而获得更多的机会和资源。

三是努力能够塑造积极的心态。努力不仅仅是一种行为方式，更是一种生活态度。当你习惯于努力时，你就会逐渐形成一种积极向上的心态。这种心态会让你在面对困难和挑战时更加从容不迫，更加有信心去克服它们。学习路上，我们难免会遇到各种挫折和失败。但是，只要你保持努力的态度，你就能够从中汲取经验教训，不断调整自己的策略和方法。这种不断调整和完善的过程，会让你的心态变得更加成熟和稳定。而当你拥有了积极的心态时，你就会更加容易地吸引到更多的正能量和好运气。

四是努力能够提升自我价值感。高中阶段是我们自我认知和价值观形成的关键时期。通过不断的努力和奋斗，我们可以更加清晰地认识自己的优点和不足，进而形成更加成熟和稳定的自我认知和价值观。这种自我认知和价值观的提升会让我们更加有力量地面对人生的各种挑战和困难。

综上所述，"越努力，越幸运"这句话并不是空穴来风，而是有着深刻的内涵和道理。只有通过不断的努力和奋斗，我们才能获得更多机会、能力增长更加迅速，才能够实现自己的梦想和目标。亲爱的同学们！请珍惜这段宝贵的时光吧！用你们的汗水和智慧去书写属于自己的精彩篇章！

在这场青春大考中做好"本我"

◇罗彦卿

北方的初秋似乎与南方老家有着很大的不同,南方的酷暑会把它的燥热之末一直延续到秋之始,就像在当年进入大学的秋天,脑海里却还时常闪烁着那个夏天的点点滴滴。现在,我正经历着在北国的第二个秋天,眼前的生活早已不是写不完的试卷、堆积成山的草稿纸和每天下午两点的"九磅十五便士",如今所骄傲的也不是挂在学校入口的光荣榜和贴在公告栏的成绩单。我在大学有了更多方面、更深层次的追求,也遇到了不亚于高中时期的困难,与高中不同的是,我多了一份从容与自信,少了许多不安与慌张。有的人可能会说,这就是成长,稚气开始从眼睛里褪去,成熟逐渐长成了胡须。但是在我看来,这或许也是"本我"之功。

在说"本我"之前,先说说我的故事吧。

从一个县城初中到市重点高中，高一起初我被分在宏志班，这是为了响应国家进行"西部大开发"战略所开设的班级，这个班级将来自各个县城的优秀学子集合起来学习，并给予他们最好的资源。但是在市区的同学们看来，我们的"优秀"并不名副其实，他们在初中的时候早已参加了各类竞赛，学习了在初中之上更加深入的知识，培养了各方面的爱好。从某种角度来说，初始的差距是必然的，但在我看来，这并不是永远的。庆幸的是，我们班的同学也都没有怨天尤人，而是正视差距，努力赶超，班级每天都洋溢着积极向上、脚踏实地的学习氛围。从初中到高中，课程的难度陡然上升，但是在这样的氛围下，我并不害怕，转而去享受与之"缠斗"的过程。每天的量变在第一次月考的时候引起了质变，我的排名相较于开学考排名竟然上升了100多名！突然间，我觉得之前"视之若神明"的光荣榜上的同学也并不是难以望其项背。然而，人生总是现实的，之后的每一次考试，我都处在年级30名左右的成绩，上下浮动，不算太好，也不算太坏。在我们的学校，冲清北的学生都是处在年级前十的位次，但是我并没有什么远大的志向，想着就这样平平淡淡走下去，因为相较于我的起点，我已经走了很远很远了。

然而，高二最后一个学期发生的一件事，彻底影响了我。

那是一个晚自习,我写完了作业,注意只是"写完了",而不是把作业上的疑难困惑都处理干净了。看着同学们埋头写作业的场景,我竟然生出一股"骄傲"的心情(这便是活在"他我"之中),于是我开始和同学聊天。聊得不亦说乎的时候,班主任进来把我叫了出去。我的班主任在同学们的眼中以严厉著称,但是那天晚上她温柔而又惋惜地和我说:"XXX,你晚自习还说话啊,你要好好学习,我觉得你可以考到前十去。"然后就叫我回到教室。其实她说得并不多,可能也就是一次随心的教导,但是她口中的"前十"却触动了我的心,或许在那个时候,我潜意识里就是想要冲上顶峰,只是我安于现状,也可以说是活在"他我"之中。此"他我"的意思是,我不想要成为时刻处在顶峰那个被众口谈论的对象,因为我必须付出很多的努力,我只要在有的时候一鸣惊人,获得一些同学称赞所带来的多巴胺即可。老师的话,激励着我踏踏实实地完成了高二的最后一段时光,在最后的期末考试,我获得了年级第四的成绩。

高三开始,我被打回原形。但是我没有气馁,反而有一种坐回原位的踏实。我父亲曾说过这样的一句话,让我很是受用,大概意思是这样的:你考得好,说明你有这个实力,只需要知道自己有这个实力就够了,但是要每次考得好,就需要有把这个实力展示出来的能力。这个展示的能力和实力存在一定的联系,但最重要的是拥有一个良好的心态。他还说,考前十、考清北是很好的目标,只需要自己知道就够了,它是一个目标,而不是一种负担,它要成为一种动力,而不是时时刻刻挂在身上的累赘。

高考的时间越来越近,我的成绩也开始慢慢上升,已经稳定在前十之列。但是我却没有感觉到压力变大。我的父亲也说,我压力最大的时候当属高二,因为课程难、进度快、考试多、作业多,但是到了高三,却轻松起来。在距离高考还有70多天的时候,下晚自习11点钟之后,我还会叫上好哥们去打篮球,回家洗澡,趁着运动完后的疲劳上床睡觉,第二天精神抖擞,白天精精神神。就算难免有些困意,我也会在困的时候找老师问问题,利用交流兴奋起来,或者干脆趴在桌子上睡一觉。渐渐地,我形成了一个固定的生活板块:早读背书、刷题、看错题、总结、打球、睡觉。周末还会去逛逛书店,让自己的心静下来。

我很喜欢道家的一个思想:"夫唯不争,故天下莫能与之争"。我认为这句话说的并不是摆烂,这反而是完成目标的一个必要的心理准备。我记得在百日誓师大会的前一天晚上,我莫名地开始焦躁,这不是一天两天的事,而是在那段时间我都有这种感受，感觉到不对的我找到了我的化学老师，在他的循循善诱之下我终于找到了"病因"，那就是我居然觉得100天太长了，我想要第二天就高考！我产生这种负面情绪并不是我觉得我已经天下无敌，而是一种赌徒心理在作祟，拿着几块钱就想着赢到几百万的美梦。"即使明天高考，今天我依旧学习。"他这样说。什么时候都要认清自己，这是在对自己负责，从根本上说就是认识到"本我"的重要性。既然没有这个能力，就要认清自己的能力，而不是妄想赌一赌、搏一搏，我们不能把希望寄托在超常发挥当中。

那么，如何做好"本我"呢？

一、做好"本我"，需要认识心态、调整心态

高考是一场能力的考试，也是一场心态的考试。在这里，我还要感谢一位我并不熟悉的同学。曾经有两次考试，我和他的考场座位相邻。第一次考试，像往常一般，我开始按部就班地写着题目，可鬼使神差一般，我的注意力却被他所吸引，他的笔在答题卡上写出了很大的声音，将答题卡翻页的时候也发出让整个考场都注意到的声音，甚至于他先一步写完的时候，还会东张西望、故弄玄虚。不知怎地，我竟然在下一堂科目的考试中暗暗较起劲来，我也开始加快速度。可最后的考试结果是我考得一塌糊涂。为何？就是因为那时候我并不是在考试,我是在愚蠢地同他争个输赢。心态变质了,如何取得好成绩?巧的是,下一次考试我和他又是相邻的位置,这一次,我的注意力百分之百地放在了答题的上面,全然不顾周围的一切。最后的结果当然是考出了自己应有的水平。从那之后,我的考试心态永远放得很平,以至于在考前我也不会临时抱佛脚,因为我要的是检测我的知识水平,而不是获得一个重要的分数(但是在高考的之前肯定是要抱一抱的)。

有一种说法叫作"心流"状态,处在这个状态中的人无往不利,人的各个方面都被激发到最大水平。大家在学习中可以多找找自己的"爽点",就像捏方便面一样,多多激发自己的正向多巴胺,从而慢慢走到"心流"的状态里面。

但是,"万事开头难",学习不难,开始学习才难。包括我自己在内,在开始一段学习的过程之前总要做一番长久的思想工作,这个时候我们就可以先暗示自己说:"我先学五分钟,就五分钟。"说不定学着学着就学进去了呢。

当然,凡事都不能求个绝对和极端,也不能够委屈自己,在自己很累的时候,压力很大的时候就要马上放下笔、关上书,找事情转移注意力。我曾在一次心情极度烦躁之时在老师办公室帮他整理了一个晚上的试卷,登记了三个班的考试成绩，之后便心情大好，吃嘛嘛香。遇到写也写不完的试卷也会适度摆烂，看看杂志。适度地找到正向的情感体验，转移注意力，或许你就可以获得一个积极向上的心态，达到更高的学习效率。

二、做好"本我"，需要认清自己

心态是我们的软实力，而认清自己的学习能力则是拥有一个好心态的前提。我是一名理科生，但是我并不认为我具有很强的理科天赋与思维，语文老师也评价说我是一个学理科的文科生。在学习理科知识的时候，我常常感到跟不上。我很不理解，为什么别的同学理解物理定理、数学题目的时候那么快。当他们可以举一反三的时候，我还在原地踏步。后来我才认识到，每个人有每个人的学习节奏，就像物理里面提到的物体的固有频率一样，只有达到这个频率，才可得到最高效的共振。每个人的优势不同，所以在学习的节奏上也大有不同。比如就我而言，"中庸"就是我的代名词，每次考试每一科不突出，但是总分就很突出。因此，我对每一科的学习都老老实实，从不上甲课做乙事。面对语文里面的古诗文、文言文，大部分理科生都会选择抛弃之，转而去做更有成就感的理科题目。但是我还是一字一句，将古文连同注释都一一记在心中，最后在高考的时候取得了120多分的成绩。在理科的学习上，我深知自己的不足，所以我会不断给自己加料,也多次向同学老师取经,做的错题集合起来像一本书,哪一页写的什么都记得清清楚楚。

同样的,我们还需要认清每一次考试的成败之因。如这次语文考砸了是时间没把握好,还是字写得太差?这次数学考得好是侥幸选对了一个题,还是前一阵子做的专题刚好考到了?

此外,我们需要认清每次的排名与分数,考得好不骄不躁,考得差准备好卷土重来。总之,从"本我"出发,找到不断前行的动力,为人生的大考做好十全的准备。

三、做好"本我",要掌握方法

学习并不是一股劲地埋头苦干,在一定的程度上我们还要找到独属于自己的学习方法。下面是我个人关于每一个科目的学习方法,以供参考。

(一)语文

语文是一个极其浪漫的学科,如果能够理解那一分浪漫,我们的学习就可以事半功倍。同时,语文也是一个很慢热的学科,它的学习成果并不是一朝一夕就可以结出来的,所以它的学习还需要持之以恒的耐心,水滴才能石穿。

语文的学习,首先需要吃透教材,在教材上的所有角落寻找"彩蛋",在高考试卷上有可能会有所体现。

其次,我们需要把所有的背诵内容了然于心,这带给我们的益处不仅仅是古诗文默写的分数,而且是作文素材的积累。面对作文的素材积累,我们或许不需要执着于各种素材书上面的内容,教材上的句子与事例也是很鲜活的例子。经过老师的讲解,这些素材我们还可以更为轻松地利用起来。

最后就是刷题,而且是刷真题。现实中会出现这种例子,就是一名同学的语文素养公认很高,甚至老师都佩服得五体投地,但是考试就是考不好。有时候学习和考试是两回事,考试的套路、思路是需要训练的。例如古诗中用典、白描、对照等作用,其回答思路是有迹可循的,我们需要多练习高考真题,仔细揣摩出题人的意图,能够提高我们做题的敏感度,取得更好的成绩。或者,我们可以把标准答案认认真真誊写在一旁,在早读的时候多次诵读,增强我们的记忆。

(二)英语

我的英语学习就是尽可能利用能够遇见的语言素材,从中挖掘出有用的单词、搭配和语法。坚持每天做一套试卷,把除了听力与作文的部分写完之后,再将里面文章的所有内容都吃透,这一研究的过程可能需要1个小时甚至更多,但是没有这个过程,所有的努力都是空谈。

此外，我们还要严格注重字体的书写，有的给分标准中书写明确占到1分。所以我们需要每天抽几分钟练习英语字迹。相信我，坚持两个星期就会有很大改变。我们可以选择抄写一段文章，或者是一篇范文，这样一来，字不仅会变好看，我们的语言素材也会越来越多。

（三）理科

对我而言，数学物理的学习方法殊途同归，所以都归于理科一类。在理科的学习上，我带有一定的文科思维，即面对考试，我不仅仅需要有最基本知识的手到擒来，还需要一定数量经典试卷、经典例题的支撑，还要有一些来自书本但又高于书本的二级结论帮助。

在最基本的知识理解上，我们要在学新课的时候努力跟上，千万不要轻言放弃，同时要深刻把握一轮复习这一次最为重要、最为细致的知识扫荡，可以说一些基本定理、方程式背也要背下来。这是理科的基础，基础的东西，背一背又有何妨？

基础打牢之后，我们可以在学有余力的时候了解二级结论，这些二级结论在数年前可能作为题目出现在高考当中，我们无需记忆结论的具体信息，但应对它们的论证细节做好最基础的了解。在广泛掌握二级结论之后，考试中一些难题我们或许有机会可以"秒杀"。

此外，我们还要把每次的错题用活页纸做好总结，建议使用活页纸的原因是方便以后遇见相似题型的时候可以加在一起。面对对思考有启发性的可以归为一类，面对大题的时候可以抄一遍标准答案，与自己的过程相对照。同时每天翻一翻错题，混个脸熟，考试前看看错题本就够了。

最后还有一个小的tip，在考前可以试着"背"下来五套理科试卷，肚子里面有货了，考试也就不怕了。

高考之后，我顺利进入了理想的殿堂——北京大学医学部学习，也愿你我都能不忘初心，不负韶华不负己，在青春这场大考中交出一份满意的答卷。

自我预言，自我超越

◇ 江易蓝

这篇文章从初夏写到秋天，辗转北京、上海、南京、东京等地，最后成篇于秋光叠叠的北京。我要克制住自我成就的炫耀欲望和表达欲望，更要克制住回望过去的顾影自怜。我希望以尽可能客观公正的眼光，来告诉高中的自己怎么能够做得更好。我不愿写成一篇回忆录或是青春追忆录，几次推翻重写后决定以最为朴素和尽可能客观的语言写出当年的学习方式。

一路走来，我所有的经验和教训都可以概括成两条法则："我的目标是什么？我的目标是否合理？我做的对实现目标有无用处？"和"观察—模仿—超越—复盘"。这两条法则已然成为我的人生法则，时至今日仍然指导着我的工作和生活。

法则一：我的目标是什么？我的目标合理否？我做的对实现目标有无用处？

我一共参加过两次高考，一次是16岁的少年班选拔，一次是17岁的全国新高考一卷。我的目标一直很清晰，要去某顶级高校读临床医学。虽然我最后高考失利没读这所高校，也没读临床医学，不过我当时的念力影响了很多同班同学，班主任说我们班是带出来医学生最多的一届。想必大家听过很多什么一模成绩决定了高考基调或者说三模没有提上来基本成绩就上不来的言论。现在想来，奉劝大家都抱着"那是他们不是我"的心态。我的水平在我省裸分应是中大、武大、厦大的水平。我本人二模起掉到500多分，班级倒数，但那时的我知道我一定可以，在老师都觉得我心态崩了成绩难回归的时候，我在最后的几次模考回归到既定水平。我记得很清楚，6月3日晚上我们是最后一次集体跑操，我和朋友在楼下小花园溜达，我和他说，只要稳定发挥加上自招成绩去复旦大学医学院完全没问题。

那个阶段的我，不关心任何人的评价和注视，也忘却了分数和排名，内心纯粹得只有我自己和待解决的类型题目，只关心我的行为对我的目标有无益处。很多年后，和朋友聊起高中时代，那个时候大家都觉得我过得很苦，对自己非常狠。其实我一点儿也不觉得，学自己感兴趣的东西，清楚地看到自己一点点解决垫脚就可以解决的问题，这种掌控感带来的心理愉悦是我享受过的顶级快乐。

我始终秉持着"干一行爱一行"的心态。丢弃掉那些恐惧和无病呻吟，心里简单澄澈，动作干净利索，充分调动自我的主观能动性，只要享受过突破自我、掌控自我带来的愉悦感，一定会上瘾。人类是宇宙长久沉默中迸发的激发态，你将如何实现你的超越？

法则二：观察—模仿—超越—复盘

落到学科学习上，我个人实践下来的就是"观察—模仿—超越—复盘"这条路径。特别需要提示的一点是，"观察"不是单纯地看别人怎么做题，而是思考他为什么要用此种方法解此题，相似的题目有多少种常规解题思路，这种解题思路和方式是否曾经用在其他类型的题目上。后面我会就各学科的学习方式展开，请大家抽丝剥茧，不要关注我做什么，更多思考为什么这样做。

我高中几乎没花精力学习英语，一方面得益于成绩一直不错，另一方面是我要把大量、整块的时间用来提升数学和物理。大家可以结合自己的基础，合理分配学科练习时间，尤其是中后期，时间更为珍贵，而保持做题的手感和自信心也非常重要。要知道，我们的目的不是掌握所有内容，而是达到某一分数线获得入场券。

讲回到英语学习，高考英语只涉及听、读、写，且绝大部分都是选择题，仅仅针对做题而言，提升的方式就比较多。英语学习的宗旨是阅读，基础是单词。我不喜欢花大段时间背英语单词，经常会有背着背着神游的情况，我会选择早读回来早课之前、课间操间隙、晚自习锻炼回来等碎片时间，直接拿张草稿纸开始默写英语单词。非常推荐大家默写，高考不考口语，落到纸面上才是最稳妥的。为了节约时间，可以发明自己的缩写方式，最重要的是，很多时候，落笔的那一刻就知道哪些单词熟悉哪些不熟悉。

阅读的内容主要是课文和历年真题的听力原文、完形填空、阅读理解。因为英语主要是选择题，所以即便遇到生词也不需要恐慌，大胆地猜单词的意思，平时可以记录一下词根词缀的意思，能有种看到长这样的单词大概知道是什么意思的语感。听力的练习不贪多，高考听力的语调基本一致，反复听真题录音，听到可以默写下来，刚好可以和前面的阅读结合起来，听多了就能对考试听力的语感语调非常熟悉。无论是英语作文还是语文作文，首先保证卷面整洁，字体清晰，至少让监考老师觉得你是一个用心的学生，我们当年很流行衡水体，我大概花了两周的时间练习，英语作文后期基本能达到满分。提醒大家一点，练习一定是平时默写单词、默写听力原文时练习，千万不要花大段时间来做这些日常生活就能搞定的事情，牢记我们的诉求是不求出彩，只求满分。还有，推荐大家参加一些英语比赛，我当年是参加了新概念大赛拿了一等奖，成为我很多自主招生的入场券。英语竞赛没有数理化生的竞赛花费的精力多，性价比非常高。

　　语文学习重在平时，我早读会花大段时间朗读、默写语文材料，特别是古文材料。时至今日我仍然讲不出特别具体的语文学习方法，把该背的知识背了，该做的题做了，能够保证我前面非作文部分保持中规中矩的水平。关于作文，对当时的我而言写议论文是非常艰难的事情，我每次考试要空出来一个多小时的时间构思作文、写作文。语文作文的诉求为绝不跑题、中规中矩。结构是非常经典的总分总结构，第一段开门见山提出总论点，有能力的话把三个分论点也融合在第一段中。三个小分段，第一句话力求排比、精练、准确，是一小段的论点，中间穿插论据，结尾总结论点。最后一段总结全文，提升主旨。我的每一篇议论文都是按照这个结构铺开的，我会花大量时间打磨开头、结尾段落和每一小段的分论点。

需要提醒的是，同样的论据可能有不同的解读方式但一定有主流的价值取向，不要让人觉得太勉强，学习在日常生活中概括事件，论据千万不要又臭又长。可以多多观察其他同学对同样的材料甚至是社会事件如何解读，多问问为什么这么想。对于一些社论，关键不是在于背诵，而是在于用自己的话说出来。对于高考而言，我们无须像论文写作一样思考是否存在剽窃风险，全凭拿来主义，觉得好就用了，但切记一定是用自己的话表达出来，不要去背大段的作文材料，很容易被认定雷同。当然了那个时候都喜欢一些言语华丽、观点犀利新颖的作文材料，但牢记，我们只求中规中矩，不求出彩，更不愿意承担不必要的雷同风险（最主要原因还是我的时间有更重要的学科要去学习）。

化学和生物的学习可以放在一起来说，二者都是理科中很像文科但绝对不是文科的学科。学习化学和生物要求你熟知方程式、基本概念，再多做题。我当年在同时准备化学竞赛和生物竞赛，主要是准备生物竞赛，旁听了化学竞赛的一些内容，尤其是晶体那部分，建议有能力的同学可以自学一下，我记得我到后期的选修题选择几乎不选择有机了，因为有机化合物一个推错了或者推不出来会影响很大的分数，晶体题目相较独立且做起来非常快，能够在考场上省出来很多时间。生物的学习尤其要注重课本。

　　数学的学习对我而言更像是文科的学习，题目类型相较而言比较固定，而且高考题目非常有层次，我只需要拿我能拿到的分数。有基本的运算能力是基础，下一步就是根据自己日常做题的经验总结题型，写清楚解题思路。对于一类题目我的学习方法是，抽整段的大自习时间，按照课本例题、课后习题、历年真题、高质量模考题、稀奇古怪运气题的顺序进行练习。历年真题要按照从新到旧、从简单到复杂的顺序选择，如果在某一题卡住了，跳过去，回头再做，很可能在后续题目中得到启示。对于卡住的步骤，第一反应一定是很欣喜而非自我责备，一定要详细记录下来卡在这一步骤时自己预想的下一步是什么，是为什么无法实现下一步的（非常重要），然后再向老师或者同学请教，一定要观察他们是怎么处理这一步以及为什么这么处理的，而后就可以把这种思考方式通过练习、复盘内化成自己的解题思路。

　　高考考场上，要注意时间分配，根据自己平时的水平知道什么样的题目是必拿分、什么样的是运气分。当然实在失分了也没什么，数学可以说是整个高考中区分度最大的学科，每年的难度也很难说到底如何，一定要稳住心态。我分别在16岁和17岁参加过两场高考,难度可谓云泥之别,甚至后一场高考我因为发烧最后两个大题只写了一个解,而这两个大题是我最后一次模考的原题且当时已经拿了满分。但是,请各位同学牢记,翻篇就是翻篇。我大概失意了两个小时,从考场回到学校教室里面,每个人都对数学最后两个大题考了原题很欣喜,包括我的数学老师也说我北大稳了。我当时没有告诉他具体情况,只在心里重复了一句话,翻篇就是翻篇。那天夜里我一夜没睡,第二天稳定的英语和超常发挥的理综还是送了我一张不错的入场券。没关系的,翻篇就是翻篇,我们最擅长打的就是翻身仗。一题没做出来没什么的,失眠也没什么的,只要还在牌桌上,我们就一定会赢。

物理是我整个少女时代花的精力最多的学科,回味起来甚至有一丝逆天改命的味道。我清楚地记得初中就学不明白物理,考好了可以全班前十,考不好就是二十(年级二百外)。高中第一学期,加速度单元测试,全班几乎是满分的情况下我考了56分,很快文理分科,几乎所有老师都劝我读文科,但是我还是选择了理工科。从结果来看,我中考物理满分,全区前五十,高考理综物理部分对答案只错了一个选择题和我做不出来的大题的最后一问。这样的结果或许我的物理学习方式能够给大家提供一些参考。

物理学习最重要的一条，好的师资力量。我初中时候学不明白电路，我每天晚上不吃晚饭，饭点就抱着我的错题去五楼找老师，老师每天晚上边吃饭边给我讲题，讲什么我记什么，下一次我就模仿什么。后来临近中考换了个教师，因为他要单独给某些学生开小灶，我没办法问他题目，我还是依旧去找原来的老师，所以只要你遇到了好老师，自己非常主动，绝对能够得到不错的结果。高中的时候，我还经常请教其他同学，谁能给我讲明白题目谁就是我的老师。高考那年开学后我选择了补课，小小的客厅里挤了很多的人。每个周二、周五的晚上，我坐在客厅的最后一排，空着肚子，大家呼出的二氧化碳轻松抵挡住南方小城的湿湿冷冷。老师的声音是远远的、黑板是看不清的、灯光是昏暗的，但是我第一次真真切切感受到了物理的魅力。

我身上也没有爽文剧情，回去也没有立马打通任督二脉，我还是按例做题、复盘，模仿老师的思路，等到周二、周五的时候狂蹬自行车希望能早点儿过去问题目，就这样压根儿没补几次课我就高考了，而物理也切切实实给了我最大的托底勇气，我用理综拯救了我的数学。我补课的时间并不长，但是后面做题有了入门的感觉，所以你说具体是什么学习技巧，我只能说好的老师，和绝对主动的自我。

不涉及具体学科，有两点非常重要。一是注意休息。绝大多数高中生休息不足，当时的我甚至没意识到这个问题，上课总是昏昏沉沉的，如果作息良好，我想一定能有更强健的体魄和更清晰的头脑，也不会在高考考场上发烧睡过去。大家最好养成午睡的习惯，且保持在15—30分钟，晚上睡前可以在脑袋里背课文催眠。二是理性对待亲密关系。希望大家保持大一点的格局，我们保持着真诚的交友态度、感恩开放的心态，但如果亲密关系不能给你带来滋养，反而是乌烟瘴气、一团乱麻，我劝大家直接远离，不要为此花费任何精力。而且从结果上看，只要你秉持真诚、感恩的态度，就会交到一生挚友的。

后来，我有幸进入法学院的最高殿堂——中国人民大学法学院读书。人因有信念而保有尊严，这是我在北京学到的。虽然现在每天都能看到社交平台在扩散焦虑，身边的人也将内卷挂在嘴边，但学好知识、训练思维、调整心态是每个人一生的功课。希望大家保重身体、保持精力、抱有希望，打怪升级成功的可能性依旧很大。人生是自我预言实现的过程，你将怎样实现自己的超越？加油，未来是你们的！

第三编　感悟篇

万千丝缕飘如诗，鲜衣怒马少年时

课桌是我们的堡垒，我们都曾叼回一根根羽毛温暖自己，也曾从这里一次次眺望远方。未来，你的触角将伸向天空和海洋，尽管会有彷徨与伤痛。无论快慢，只要走在自己选择的道路上，就是正确的方向。愿你我可以坚守初心，保持一份结结实实的爱与守候，也可以看见芸芸众生的喜乐悲苦，携初心上路，伴明月而行，探索更广阔的天地。

北上记
——危楼高百尺,手可摘星辰

◇ 方　辰

启蒙伊始,环绕在耳边的便是母亲吟咏诗词歌赋的声音。母亲是一名严格的老师,印象中,当我能断断续续读出一个句子时,母亲便给我派发了诗歌背诵任务,从最简单的五言绝句,到后来的长篇赋体,每天必须完成一篇,否则就喜提不能睡觉的惩罚,无论爷爷奶奶怎么求情,在这件事情上,母亲总是"油盐不进"。小小的我,对母亲是有怨恨的,不明白为什么其他小朋友的妈妈都没有这种"变态"的要求,有时候因为白天贪玩儿,晚上就只能挑灯苦读,即使已经困得眼皮打架,摇摇欲坠,母亲也绝对不会放任我潦草了事。不知从何时开始,这些让我痛苦的诗词歌赋在我的心田中生根发芽,一颗名为文学的种子破土的声音在我的耳边盘旋,慢慢地,我从之前被迫去读诗背书到主动缠着妈妈要书看。

窗外云卷云舒，我也慢慢长大，成长的阵痛与欣喜接踵而来。高考后，我进入一所211大学修读汉语言文学专业。但我知道，这不是我想要的，北京是我18岁的梦，文学是我愿意用一生去读的书。第一次听说北京的繁华，是幼年听爷爷讲故事，爷爷年少时聪慧敏学，无奈家境贫寒，读至初中，家中实在无力支撑学业，他只好辍学回家，承担起养家的重担。后来机缘巧合下爷爷进入部队，有幸去了北京，后来爷爷给年幼的我讲的故事，大多是他曾经跟着部队四处走的见闻。而北京，是爷爷最常提到的地方，每每提到北京，我仿佛能看到爷爷日渐浑浊的双眼中闪烁着细碎的光芒。小小的我，彼时并不太懂"首都"的厚重，但是我也想去北京看看，去见识一下爷爷口中的"大城市"，就这样去北京就成了我的一个念想。

大学弹指一挥间，时间来到了大三，我面临着保研和考研的抉择。彼时几乎所有人都在劝我接受保研，"女孩子读个研究生就可以了"这样的声音更是不绝于耳，一时间我迷茫了，站在十字路口的我环顾四周，一面是稳定，不出意外我会无缝读研，人生会继续按部就班地走下去；一面是风险，考研，尤其是冲刺名校的风险不言而喻，更不必说当时人大文学院各个专业硕士的统考名额都是个位数，如何选择呢？

那时，年幼背过的诗歌其实已经忘得七七八八，只一句印象深刻——"危楼高百尺，手可摘星辰"。第一次读到这句时，年幼的我不解其意，只是觉得既然都是危楼，如何摘得漫天繁星呢？因为不解，我迟迟记不住这句，觉得拗口无比，最后死磕到了晚上11点多才磕磕绊绊背会。"危楼高百尺，手可摘星辰"，我反复吟诵着，刹那间日月更换，在那苍穹之下，矗立着一座巍峨的危楼，其高度仿佛已凌驾于世俗的束缚，直逼云端。楼身挺拔，百尺之距，让人心生敬畏，却又忍不住遐想连篇。想象着，我伸手可及之处，便是那璀璨夺目的星辰，它们不再遥不可及，而是化作点点光亮，温柔地散落在指尖。站在这危楼之巅，我仿佛真的能够触碰到那些星星点点，感受到每一颗星辰背后所承载的深情与梦想。这样的场景，美得令人心醉，也让人不由自主地沉醉其中，忘却尘世的烦恼与忧愁。危楼与星辰，一高一低，一实一虚，却在这一刻，交织成了一幅动人心魄的画卷，让人难以忘怀。

我想，当危楼和星辰窜入脑海的一瞬间，我已不再纠结，即便高百尺，我也偏要做那摘星人。事实证明，危楼不好攀，星辰不易摘，这条路，一走就是数年，中间的辛酸与挣扎，如今回头看，不足道也。漫漫考研路，我不仅摘得星辰，还成全了自己，这期间最大的收获，莫过于理想与现实碰撞后成长出来的大心脏。

　　深陷理想与现实的罅隙，我的前方似乎一片漆黑，甚至连丝丝光亮也无。当时的我，对考研的理解就是，这是一场目的性极强的选拔性考试，只有成功了，你的过程才会被认可，否则一切努力都没有意义。我可以成为那万千摘星人中的一个吗？人大是我的理想，北京是我从小就想去的城市，就此放弃，我心不甘情也不愿。此时，童年妈妈接近变态的训练效果才出现了，那就是不达目的誓不罢休。我坚信自己可以做到，坚持下去，无论结果如何，都不会有遗憾。

　　最终，我上岸了，来到了北京，来到了中国人民大学，读了我心心念念的专业。如今再回头去看，轻舟已过万重山，危楼星辰握于手中。行至于此，我对"考研"的理解也有了变化。之前的我，将其视为一种选拔性考试，过分关注结果，忽略了来时的路。上帝视角下芸芸众生前进的直线距离算不上多远，但那些漂浮于茫茫水波中的个体，在看不到尽头也靠不近岸边的前行中的每一次转弯，都只有日月为伴。危楼是经历，却永远有下一高，考研只是一个人生的一个阶段，而学习永远在路上。求学光阴岁月浓，于我而言，这个过程不仅仅有知识的增长，更多的是心态的锻炼。

就学习而言，效率和质量是关键。形式主义和完美主义是两大障碍，无论备考任何考试，我们都需要从逻辑上打破对"完美"的偏执追求，以防过度纠结整体中的某一部分而导致整体上难以推进。要知道，不管是哪种考试，即使我们对所有知识点都了然于心，也很难考满分，也不是只有考到满分才能考上，尽善尽美固然是人生的一种追求，但效率最大化才是备考的要旨。

就心态而言，褪去学生思维的幼稚。在这样一个执着地追寻漫天星辰的过程中，走弯路是正常的，但最可贵的是经历了风雨和颠簸后依然坚守理想的那份初心。每一次跌倒都是重新站起的开始；每一次失败都是通往成功的垫脚石。只要想去做，就跟着自己的心大胆去做，人生惶惶几十年，总要去亲手摸摸那璀璨的星辰。

成为自己，走向世界

◇ 曹亚琦

高中时，我们曾坐在书桌前，怀揣着对世界的憧憬。从高考的起点，到北京师范大学的校园，再到海外的留学经历，世界的画卷在我不曾预见的方式中逐渐展开。风从何处吹来，吹向何方？人从何处走来，又将去向何处？

世界很广阔，各地风土人情迥异。我依旧像刚出生的婴儿，充满好奇地探索，有时奔跑，有时驻足，脚印深浅不一。世界也极小，我们早已融入其中。人类学家列维－斯特劳斯曾说："每个人身上都系着一个世界，由他所见过、爱过的一切组成，即使他身处不同的世界，他依然不停地回到那个与他相系的世界。"纸笔记录的命运轨迹，正是我们与世界交手、握手言和的见证。你我经历的一切构成了心中的江河与日月，无形却厚重。

回望过去的路，校园里的点滴从未消失，而是静静沉淀在我的背包中，在命运叩问心门时涌现出来。北方的春天不甚明显，脱去厚重的羽绒服换上新衣时，夏天已经占据了视野。夏天的体育课难以忍受，但相比于在教室里埋头苦学，这段时光算是一种难得的休闲。秋天是我最爱的季节，书中所说的萧瑟，对于我却是一种浪漫，时光渐缓，温柔的路灯最适合静静地与自己对话。冬天，外面的世界在飘雪，而教室里却热火朝天，不论是高速运转的大脑，还是蓬勃有力的心脏，都不会被冰封。

从高一开始，语文老师就让我们定期写随笔。利用高一高二课业压力较小的时期，我坚持写随笔。这种自由表达的习惯，逐渐成为减轻压力的一种途径。在不受约束的写作中，我培养了对文字的敏锐感知，也加深了对语文的喜爱。请给自己一点时间，不要因暂时看不到效果而放弃。订阅一些杂志，如《Vista看天下》等，也是一种有效的做法。它们提供紧跟时事的观点与评论，为写议论文提供了丰富的素材。此外，历年的满分作文也是宝贵的参考资料。挑选自己喜欢的风格，背诵其中的段落或全文，尤其是开头和结尾，尝试多使用修辞手法和引用名人名句，会使读者眼前一亮。模拟考试的过程中，逐步预估每种题型需要的时间，确保作文时间的充足。每场考试都是复杂的任务,如何在考试时分配时间,每个人都会在反复练习中找到自己的节奏。

提升英语写作水平的方法也类似。通过背诵词汇、句型和范文,逐步建立自己的写作模板。但背诵只是手段,关键在于如何将其应用到写作中,并在阅读中理解。我个人不喜欢使用单词书,因为单词书背诵较为枯燥且难以实际应用。我会记录在做题时遇到的不熟悉的单词,并记住这些单词出现的具体场景。这样记忆更为深刻。在做阅读理解时,我会分析段落结构,抓住重点句子;在阅读句子时,我会尽量抓住主干单词,识别出重要内容,从而在考场上节省时间。

要走得坚定,也要走得轻盈

贪多不如精通,与其做大量题目却未深思,不如花时间真正掌握错题。从小老师就提倡准备错题本,但学生常对其意义和使用方法不甚了解。古希腊哲学家克拉底鲁曾说,人不会踏入同一条河流;我的体会是,人会反复犯同一类型的错误。因此,记录和复习错题的意义在于用最少的时间获得最大的收获。既然错误已出现,将来同类型的题很可能还会出现,通过分析和钻研记住教训,能够有效避免重犯。这是性价比极高的提升方式。

当遇到错题时，可以调整心态，不把它视为对自己的责备，而是看作一次提升的机会。遇到类似的错题时不再犯，也会带来很大的成就感。

然而，有些微小的障碍可能让我们放弃或忘记使用错题本的初衷。例如，记录错题的方式是手抄、拍照还是剪贴？形式并不重要，最关键的是能够保存并复习错题。如果能保存大量试卷并愿意在复习时一一翻阅，也可以直接在试卷上标记错题，而不必非要实体错题本。手抄虽能帮助理解，但速度较慢。当错题较多时，手抄可能带来心理负担。高三阶段，题量巨大，如果非要手抄，可能会导致放弃。因此，收集错题的方式可以根据自己的情况调整，只要能够便于提升自己，形式并不重要。

模考也是方法而非目的。高三阶段考试频繁，试卷堆积如山，成绩触动心弦，汗水与泪水洒落在纸面上。然而，我们是否要将所有这些负担永远背在身上前行？如果过于在乎每一次考试成绩，步伐可能会变得沉重。我认为，经验和教训需要吸取，但不应让分数成为唯一的心情晴雨表。前行时，脚步应踏实、坚定，但也要轻盈。追求进步是一种积极态度，但过于追求完美可能会绷得太紧。每次模考之后，应放下包袱，专注于下一次的挑战。无论步伐快慢，只要朝着正确方向前进，就是对的路。一次得失并不决定未来，只要持续前行，总能到达目标。

压力管理是一门课本之外的必修课。过重的包袱会让人踉跄，甚至放弃。劳逸结合对大脑更加有利。尽管休息时间有限，但偶尔抬头看看窗外风景，聆听音乐，唱唱歌，能让紧绷的神经得到舒缓，使高中生活不仅限于校服的蓝白。考场上的心理调整同样重要，如何在遇到难题时不被恐惧打倒，在开局不顺时调整心态，都是需要学习的课题。抓住每一粒芝麻的同时，也要避免丢了西瓜。在某些时刻，学会放过自己，保持平衡。

课桌是我们的堡垒，我们都曾叼回一根根羽毛温暖自己，也曾从这里一次次眺望远方。要建造高楼，得从平地起步，耐心一点，疲倦时伸个懒腰，倾听内心的声音，问问自己想成为什么样的大人。未来，你的触角将伸向天空和海洋，尽管会有彷徨与伤痛。无论快慢，只要走在自己选择的道路上，就是正确的方向。

静园别

◇ 鹿大阿洛

将卡反复摁入槽位，显示还有余额，然而室内没有传来回应。我在将信将疑中确认那应该是空气中最后一个来自空调的嘀嗒声，我也要离开静园了。

三年过去，墙壁仍旧隔开了很多事物。在这室内，我杀死过很多蚊子。很多蚊子跑进我的蚊帐。一时不知谁是一道道残血的源头。它们才是土著，大概率不会迁徙。离开本就是烦琐之事，收拾这个，拾掇那个。中学时代每次大休，攒了一个多星期的零食袋子、瓶子等的垃圾装一块拿给奶奶，想让垃圾见见我奶奶，也想让我奶奶见见我攒的垃圾。

一张纸箱十元，我把三年前寄到静园的《战国策》《说文解字》，又原封不动地摞进新的纸箱寄回去，并在此过程中丢失了一本《说文解字》。可能是漏在了鞋柜中的抽屉里,也可能落在室内的一片狼藉中。我很想带上凉席、床垫、脸盆,最后再放下一个每天用来烧水洗头的电壶。我觉得每个东西都应该有其位置,最好是收在一块,互相照顾。最后我把它们卷到了衣柜里。我以为所有笨重的东西都被我早半天寄走了。

  阳台、我的室内、客厅、卫生间、舍友的室内,我逐自看过,好像开学报到的事情只是被我翻了一页。我走出寝室,又走回来,站到阳台的窗边,推开纱窗。银杏枝探进来。往左边是长到六楼的香椿树,透过细碎的树枝斜下,突然就会唱起京剧的老太太坐在轮椅上,往右是明德楼,那里有明法台阶,昨天晚上12点我还坐在那里,什么也没想。我会忘掉天空突然生锈,掉下泥雨。群青夜散着,仿佛是从森冷的林原流出的白雾。从公三里面的小楼码着字时,天空大片的雪正掉落,夜晚雪正盛,戴着围脖到崇德楼前寻雪时,突然一个雪球砸过来,有人对我喊新年快乐。

  我的目光重新落在探进阳台的银杏枝上。这棵银杏像是我夜晚的枕头。我和林都常常熬夜。我枕在床头听风吹银杏。雨声在窗隙中悬滞。

  我端水迈过地上的狼藉,将探进阳台的银杏枝按入水里,轻拭绿叶,我同银杏告别。

  静园就像我最后一次拉开抽屉,物品已经堆积了三年，我很少在意，但印着鹿大校徽的信纸、根管治疗的诊疗单、本科毕业的金色书签、未拆封的筷子、朋友寄的手套、误拿的取餐牌、浴室53号钥匙、烂掉的卡套、一盒牙线……在不同时刻被添加进来，蒙上尘土，这些琐碎的事物成为某些故事的穿附，但可能只有尘土是最新的。最初的抽屉应该只有一个橘子，我们躺在矮床上夜话，林都说躺平吧，喝点快乐水。

离开静园的前些日子，静园的南门撤掉门禁，几个人围着邻居的萨摩耶，笑得很开心，邻居说他叫奥利。奥利才应该是我的邻居，我与他应该只有一墙之隔，我经常听到它在夜里突然狂喊几声，甚至墙体都有回应。林都从校内回来，站在楼下仰头喊天吾。我也仰头。寝室的后窗台就像船舱挤出来的铁笼子。我扫视四周用红砖所砌的墙体，光线贴上，红墙变成贝壳。而往南面的墙上，窗枢更新，像令人晕车的白一个个框在泥板里。救护车又停在我们楼下，我已很久没有遇到住在楼上的教授，他要一步一步扶着扶梯到楼底取报纸。信报箱和楼道的木门没有人为它再镀一层氧化镉。

离开静园时，我的行李变成：一个相机斜挎包、一个行李箱，六个从毕业典礼捡来的气球、泡沫机、开学手册、学位证书、人大专属毕业小熊、鞋子、平板、汽水的手提包。师妹来送我，从拉杆上分走几个。热气还困在四周，像掉进柏油路缝隙的北冰洋汽水。路灯中，我们行走了许久。师妹说，静园看起来像夜晚支棱起的一粒泡沫。可能我要用"提搂夯拉"来形容那天的离开。我的行李像葡萄坠在我们两个人手里，又像将要纷飞的纸屑。

　　我习惯把车椅后背摁后，半躺。动车掠骛，仿佛是无从惊觉而割过的剑影。我和从日本回国探亲的邻座攀谈一路，我送给他从汇贤商店买的北冰洋，并用相机拍了他钱包里的西瓜卡。我和这个长我几岁的校友在曲阜东站道别。车外，黑夜先我曳入鲁南。

　　两年前的元旦前一天，父亲来高铁站接我，我说，我想当记者，我想买个相机。父亲说，买！其实我只是突发奇想，我不想当记者也行，有了相机就可以记住什么。大雪纷扬落进一勺池的雪。枕入竹林的叫墨斜的短毛猫。缁色变鸦青色的唢呐。啊啊两声的乌鸦，又没事一样落进槐枝。

　　离开静园时，我把唯一的小说《活着》斜立在桌上，挪动桌面几片枯萎几年的迎春落蕊，将水杯和盆子倒扣过来。静园驻在人大校园的北侧，疫情后用铁围墙围了起来。因为疫情，我们也曾搬到校内的豪华酒店，又搬回来。最后我的三个舍友还是搬到了校内留学生公寓，而我和天吾一直住到学生时代的暂时告别。

我回到吴家庄水库看星星。月如从尾箕住进奎娄需多久？商风从四周的山中解下，咕咚的鱼跳在脚下的夜里传来。嗅到腐烂鱼臭。有人还在山中打着流动紫灯捉蝎子。星星怎么越看越多？比静园更多的犬吠忽地翕动着村子。

斗柄快要翻没山头。握在手里的相机，始终没动过。

涵养用敬，进学致知

◇叶　晴

　　一年前的秋天，当我拿着博士录取通知书走入清华园——这个我高中时无比向往却又感觉遥不可及的地方时，我多想告诉高中时的自己：虽然走了很远的路，我还是来到了这里。不知道那时候的你知道了，会不会有一点惊讶呢？

　　从高中到博士，我的求学生涯跨越了十载的岁月，跨越了从南到北几千里的距离，从广东一个小城市的高中到中山大学，再到中国人民大学、清华大学，很庆幸，我还在路上。而即便已经过去了好些年，我仍然能够回忆起高中那段时光，那段跟青春角力的时光里，我们曾经用尽了全力去感知、去追寻……当一切过去，那清晰如昨的记忆，也开始在轰鸣的分秒声里蒙尘。但至今真切可知的，是那段时光锻造了我，培养了我良好的学习习惯,让我变得更加自律,更加进取,在这段求学之路中不断涵养致知,于是才成就了今天的我。

一、自律让人自由

我高中就读的学校对我们管理相比于其他学校而言并不算特别严格,学校并不强制晚自习和周末自习,而是给了大家一定的自由支配的时间。这对于学生而言,更加考验学习的自觉性和计划性,也更能培养自律意识。

这让我养成了自己管理时间、分配任务和做计划的习惯。我会制订长期计划和短期计划,长期计划可以以一个月或者半个学期为单位,拟定这段时间内要实现的任务,比如背完语文的古诗词;整理数学的例题,突破某类题型;整理英语作文写作思路;实现单科或者总分多少的突破等。短期计划则往往以一天或者一周为单位,比如这一周要如何分配各科的复习时间,要完成各科多少具体的复习任务和做题任务。以"任务"为导向来规划自己的时间,可以让自己做事、复习的效率更高,使自己在某段时间内聚焦具体的任务,这样可以集中攻克某一项难题,避免复习过程中注意力的分散。如果看一会儿语文,累了又读一会儿政治,虽然看上去也投入了很多时间,但由于时间分配过于零散,反而不利于高效率地解决问题。

高中时养成的这些习惯让我的大学学习也受益匪浅。

大学更加自由，没有老师每天盯着你学习，在大学期间能够学到多少知识、收获多少技能，很大程度是取决于自己的。而且高中我们的多数时间围绕着学习转，但上了大学，会有更多的事情需要合理地安排时间去处理，比如平衡专业学习、社团活动、学生工作、社会实践，这就更需要能够自主规划、把握节奏。

所幸我在大学也保留了高中的习惯，自觉地为自己制订长期和短期的计划，做好每天的规划和时间轴，坚持7点半起床，每天尽量维持八小时以上的学习时间，这使得我不仅在专业上获得了年级第一的好成绩，而且也有机会参与了一些学生工作和实践，拓展了自己的视野，提升了自己各个方面的能力。这也让我深刻感受到了什么叫"自律给我自由"，正是因为在该奋斗的时候能够做到自律，我拥有了充分的能力和足够的底气，在毕业季的时候，我才能够自由地选择自己想要走向的道路。

二、把握自己的节奏

学会把握自己学习的节奏，也是把握自己生活节奏的一种操练。很多时候我们容易受到其他人的影响，高中的时候看到别人5点起床12点睡觉，一直在学习，自己也去模仿，甚至觉得没有像别人一样从早到晚学习就会产生很强的负罪感。但是时间不等于效率，形式上用功不一定真的学进了脑子。虽然高中把握时间学习确实很重要，但还是要劳逸结合，注意休息才能保持头脑清醒、思路敏捷，而一旦因比较而产生焦虑，反而会没法集中精神，降低自己的效率。也不要看别人学什么自己也跟着学，重要的是根据自己的问题查漏补缺，才能更有针对性地提升自己的成绩。

比较往往如影随形，不仅在高中，在大学、在未来的工作、在自己的生活中都难免会把自己和别人比较。但比较是偷走快乐的小偷，它让我们心生焦虑不安，也让我们在这种心情中流逝了自己的时间，把注意力放在自己身上，专注自己，才能更好地把握自己的节奏。要时刻把自己作为坐标系而不是把别人作为坐标系，看看自己是否比之前的自己有进步、有突破。在大学的时候，我们会产生很多的选择，有的人专注专业学习，有的人花很多时间去实习，获取工作经验；有的人选择升学，有的人选择就业。在种种选择的岔路口前，更需要确定自己的目标，坚定自己的理想，不要轻易被旁人左右。比如你想要升学、继续做研究，但是看到别人去实习，也跟着去实习，看到别人考公，也开始刷题试一试，把握不好自己真正想做的事情，最终往往在各种事情上都花费了不少时间，却一事无成。

苏格拉底的"认识你自己"仍然是告诫我们的箴言，认识自己、看清自己心中想要做的事，才能为前方的道路亮起灯塔。

三、找到知识的乐趣

备考不应该是一趟无聊的旅程,在高考路上,我们可以因为改善学习方法提高学习效率而兴奋,也可以因突然理解了某个学科难点而喜悦。在备考过程中,我们可以学着不断思考完善学习技巧、提高身体素质、调整情绪状态……我们可以学着调整自己学习的心态,从把学习、考试作为外在于我的手段,变成把学习、考试作为一个构成自我目的、丰富自我内涵的路径。

文科学习容易陷入"死记硬背"的误区,但在学习和复习的过程中,记忆虽然仍然重要,但是绝对不是填鸭式的死记硬背,而且以记忆为目的导向很容易限制你在阅读复习时候的思维模式,使得知识变成"对象化"和"外在化"的东西,往往效果不佳。在复习中,"问题"和"思考"应该是更为重要的,"思考—记忆—问题—思考"的模式我觉得是更好的。简单来说,当我们把所学到的知识只作为某个外在于我们自己思想的对象的时候,它是机械化的、对象化的,是一个相对于主体而言的"客体"。当我们只是把它作为某个客体进行记忆的时候,很多时候只能是囫囵吞枣,知识并没有真正成为"我的"知识。

而通过思考,则能够在这个过程中把知识转化为主体的知识，这个时候，知识是一个主客融合的存在，既具有客观性，也通过主体的思考而赋予其主体属性。在此基础上，能够进一步地运用这个知识，以此来思考某个具体的问题乃至于生活中的问题。比如政治学习中，我们学习哲学中的"唯物论"，它告诉我们"世界的本原是物质"，我们便可以去思考，为什么如此？是先有物质还是先有意识，是意识产生了物质还是物质产生了意识？从生活的经验出发，我们便会发现，"世界的本原是物质"是有一定的依据的，物质世界并不会随着意识的变化而变化。于是这个命题就在我们思考的过程中，内化为我们自己接受的真信念，从而成为"我的"知识。

"学而不思则罔，思而不学则殆"，学习需要建立一个"思与学"并进的框架，思以促学，学以补思。对象性的知识于是能够在"我思"的直观中被统摄为主体之思的部分，而与我所关心的问题域结合起来，于是学习知识本身便可以因为与我有关而变得有趣生动起来。在大学的专业学习中，"思考"的能力变得更为重要，只有自主思考，才有可能在专业领域取得突破现有研究的可能性，让自身的研究具有创新性和创造性。

我从本科开始一直学习哲学专业，哲学是一门思考的学问，它需要我们深入表象世界背后的本质，触摸社会和人类的脉搏。"天高地迥，觉宇宙之无穷；兴尽悲来，识盈虚之有数。"在学习哲学的过程中，我得以了解更多关于世界和宇宙的奥妙，也懂得了更多关于人生和社会的道理。在学习哲学的过程中，我培养了思考、探索这个世界的习惯，更加深入地和这个世界和社会交流对话；也在日常涵养自己已有的知识，将之活化、应用于思考生活中的各种问题，并在这个过程中又不断学习新的知识，扩充自己的知识面，加深自己对世界的理解。

许多人都说"文科无用"，这种观点与现代以来科学和理性的高扬，实用主义和实证主义的兴起的社会环境息息相关。伴随着现代社会经济和科技的不断发展，人们追逐功利和物质欲望，计算个人得失，崇拜金钱物质；同时，实证主义的兴起和科学技术的不断发展，人们追求效用的最大化和实用性，沉浸于科技带来的快感中，手机、短视频、人工智能，越来越多的新技术在满足人们的需求的同时，也让人面临着自身"意义的沦丧"。

现代性带来社会进步的同时也带来了倒退，带来了解放的同时也带来了奴役。在这种社会下，人面临着一种丧失意义的生存困境：对物质利益的追求成为人生活的目标，而科技的发达使人过分依赖于科技，甚至面临着被机器代替的危险。而人如果剥去了外在的物质的裹挟，却发现作为人自身的意义丧失了，人会觉得很"空"，因为除了这些，那些作为人的自留地没有了。也就是说，在现代社会，人们面临着一种被物质、科技和绩效所异化而变得"无根化"的生存困境。而哲学以及其他一些人文学科却因为其能够带来人对自身意义的思考，为人自身保留了一块自留地，它让我们看到自身的处境。它关注的是"人"，是我们社会、生活、历史、传统、生活的各个方面，试图解决的是科学技术解决不了或者无意解决的问题，它让人避免了这种物质和科技的异化而成为"人"，因此在现代社会中仍然扮演着格外重要的角色。

岁月如梭，距离高中毕业也已经将近八年，但正是在高中时候养成的这些良好的学习习惯，使得我在本科、硕士、博士期间，都能始终如一地保持求知的心态和求学的热忱，支撑着我不断加深专业素养，提升自身能力，一步步走向了博士研究生，走入了清华这所最高学府。现在我还是能够想起一个又一个夏天，我们奔赴考场，我们欢庆毕业。一年又一年里，我在中山大学看过一望无际的海洋，感受挥汗如雨的炎炎夏日；我在中国人民大学见证了分明的四季，观赏应接不暇的鲜花，感受冬天的大雪；如今，我走入清华园，来到了那个高中时代无比向往的学府，继续在这里进行我博士生涯的学习。

这一段求学路跨越了祖国的南北，跨越了近十年的时间，这条路荆棘与鲜花并存，但所幸，这一路总归是收获满满。祝愿每一个学子，都能乘理想之马，执鞭从此启程。请相信，路上天色正好，天上太阳正晴，人生的旷野，还在等待你我的探索。

"匹夫不可夺志也"

◇ 秋 实

在中国人民大学文学院攻读硕士学位的那段时光，虽已过去，又仍未逝去，依然不时地在我的生命中回响。而我，选择继续在人大攻读博士学位。如今，标志着硕士生涯结束的毕业证被静置在书架上，曾经的同窗好友也已各奔东西，就像《山河故人》中的那句台词：每个人都只能陪你走一段路。是的，在生命的旅途中，再长久的相伴或许也只是另一种意义上的短暂相遇。对每个人来说，如何享受寂寞的时光，锻造出从容应对变化和挫折的智慧与勇气，将是我们终其一生需要学习的课题。过去的路连通着现在和未来，回首过往，哪怕能够沉着地说一句"力虽不逮，其志可嘉"，也已经是对自己最好的交代。

硕士阶段的生活与本科时期有很大不同，它不再是简单的延续和扩展，而是一次更为深入也更为艰难的探索。硕士阶段接触的知识更加专业和深入，但对于初入门径的学子来说，很可能一头雾水。这的确令人沮丧，只有经过不断的拓展、了解，才能一窥学科的全貌；也只有经过不懈地阅读和体味，才能勾勒出一个问题发展的谱系。学习的过程就是不断发现自身无知的过程，而求知的快乐也正在于此，当你的视域被一次次地挑战又拓宽，当你的认知被一次次冲击或巩固，相信你的精神内核也会更为强大和稳定。人们往往把求知的过程比作阅读一本厚厚的书，似乎只要你够勤奋、够执着，总有一天可以尽可能多地掌握书中的信息，成为人们口中"知识渊博"的人。但在我看来，与其说学习的过程是想方设法"再多读几本书"，不如说学习的是阅读和理解的方式。思想的魅力固然在于知晓自己从前不知道的东西，但思想更重要的意义在于，它能为我们提供看待世界的不同方式。而当你尝试用不同的思维方式去看待世界时，可能会对自身和世界有全新的理解。

尽管这是一个文科"没落"的时代，尽管这是一个文科被嘲笑为"服务业"的时代，尽管这是一个人文社科被严重边缘化的时代，但我依然不后悔成为一名人文社科的学生。因为不论在什么时代，人类社会发展到何种程度，我们都永远不能停止对于"人是什么"的追问。

对每一个有限的个体而言，认识自己都是无可推卸的责任，未经省察的人生是不值得过的。如今，我依然是人文社科门前的一个小学生，如果有人问我说：整天说学习学习，那么最应该学习的是什么？我想我可以肯定地回答说：最重要的是反思和批判的能力。即便掌握再多知识，可如果成了一个只会熟练背诵的机器，也充其量不过是个"两脚书橱"。搬运知识的工作，AI算法可以完成得比人更出色。人不可替代的地方就在于，人永远会问"为什么"——从来如此，便对么？人类历史上的每一次进步，都是在打倒旧的权威之后才获得的。青年之有青年的勇气和朝气，也在于他们永远都有质疑权威、追求真理的精神。

　　刘瑜曾说，她见过许多平庸得令人发指的文科博士。其实，这句批评换个场合也同样适用，也有许多平庸得令人发指的理科博士、工科博士、文科硕士、理科硕士，甚至已经功成名就的专家、教授。所谓"平庸"，不同于"平凡"。人生一世，草木一秋，作为"有死者"，所有人都是自然界中平凡的生命。人的肉身脆弱如芦苇，可人之所以被高歌为"宇宙的精华、万物的灵长"，就在于人是"有思想的芦苇"。如果一个接受了高等教育、享受了丰富教育资源的人到头来只关心如何将文凭作为吹嘘的资本，只懂得用学历为个人谋取物质上的利益，而没有更博大的现实关怀,那这将是一个崇尚真理的时代的耻辱。是的,在一个英雄主义屡遭怀疑的时代,说一个人要有"远大的志向"似乎已是陈词滥调,显得很是迂腐。不过,难道远大的志向是英雄人物的专利吗?"三军可夺帅也,匹夫不可夺志也。"每个人都可以有远大志向,何谓"远大"?超出个人,超出个人主义的算计,看见他人,看见芸芸众生的喜乐悲苦,便是朝向远大的第一步。鲁迅说:"无穷的远方,无数的人们,都和我有关。"当我们也能以此作为自己立身于世的坐标和尺度时,生命的厚度方可得到拓展。而这种朝向远方的能力,从来不是只在书斋中就可习得的,相反,它要求我们带着从书本中、从课堂上、从一次次的讨论争辩中获得的启示和灵感走出校园,进入更广阔的天地,看到更多的面孔,听到更多人的声音。

从人民大学东门进入,直走一段路便可看到"求是"石蠡立在树荫下,上面镌刻着校训"实事求是"四个大字。箴言简短而意义深重。求学不是为了升官发财,而是为了追求真理并实践真理,这便是教育的初心,也是对所有学子的告诫。求是石西侧不远处,是修建年代已久的求是楼,这栋楼的外墙几乎被爬山虎覆盖,春天一到便焕发出勃勃生机。从清晨的第一缕阳光洒在绿叶上,到夕阳收回最后一抹余晖,在求是楼、立德楼、明德楼等教学楼附近都能看到背着书包的学生来来往往，有的人神情迷茫，也有的人眼神中透着坚定，不管什么样，都是青春的模样。如果问大学校园最令人留恋的是什么，我想答案不会是校园生活仍然保有某种"未经世事"的"纯真"，相反，学校也是一个微型社会，其间有各种复杂的权力关系。校园中令人永远向往的，是那股热烈的求知、求真的知识氛围以及敢于质疑、敢于想象的精神气魄。在这里，如果你够认真和敏感，会有幸结识一些良师益友，哪怕只有一两个，也将受益终身。人们常说，校园是座纯洁的象牙塔，学生在里面被保护得很好。从某种意义上看的确是这样，不过，这样的校园生活是有缺憾的。如果从校园走入社会时感到了巨大的割裂，那只能证明此前还未对历史现实的复杂和残酷有足够的了解。校园不是象牙塔，但那段阅读经典、被人类优秀思想成果所滋养的日子可以让我们在繁忙琐屑的日子里驻足片刻，抬头仰望星空，不忘对某种超越性的追求。也正是这种对超越性的寻求——更有意义的人生、更平等的社会、更美好的世界——可以支撑我们一路向前。

心之所向，梦之必达

◇ 小　雨

多年以后，面对"高考"这个命题，我依然清晰地记得那个下午。铃声响起前的五分钟，我按顺序放好手中的英语试卷，看着窗外的操场，在思考人生和检查试卷之间选择了后者，并在最后三分钟修改了一道完形填空。人生如戏，改过的答案是错的，我的高考成绩因此少了一分。但人生终究不是戏，这一分并没有"恰好"影响我去哪个学校，读哪个专业。

时间会改变很多东西，曾经重要的不再重要，曾经没有想象过的却正在经历。虽然我的高考已经过去了，但我还是会在每年六月关注高考，从新闻中看着一批一批"后来者"走进考场，又走出考场。我也曾关注过那个在百日誓师典礼上热血演讲的女孩，看过她激情澎湃的发言，也看过网友肆无忌惮的诋毁。她这样评价那些恶意相向的网友,"他们可能不够理解我的处境和价值观,我们完全是不同生命阶段的两个人,悲喜并不相通"。感同身受总是困难的,经过社会磨洗的成年人可以轻飘飘地否定高考的价值,可以任意指责高考对人的掌控,但我想每一个身在其中,或刚刚从中走出的人,都不可能轻易脱离高考对自身的影响。

高考后,我进入了山东大学,后来又在不懈努力下有幸进入了南京大学攻读硕士研究生。我认为在高中这一学习阶段,心态是至关重要的。我的高中记忆或许可以给身在其中的各位提供一点心态上的帮助。

一、正视高中的"苦"

想必每一个高中生都听过热血的口号,也听过恼人的唠叨,更听过虚妄的承诺——"高考后,你想怎么玩都可以"。这些语汇的背后都指向一个赤裸裸的现实:高中生活是痛苦的。"真正的英雄主义,就是认清生活的真相后依然热爱生活",当我们面对高考,亦当如此。

正视备考的"苦",一是要静心。我读硕士期间的舍友经历了丰富多彩的高中生活,她所在的市一中可以说是素质教育的典范,可以每周都放假,可以不参加晚自习,可以有各式各样的社团活动。在我一次次地表达很羡慕她的高中生活时,她告诉我,曾有毕业生在网上痛骂学校,认为高中生自制力弱,而学校宽松的管理模式和自由的学习氛围，影响了学生的进步。其实各地教育水平和教育方式都有差异，应试教育与素质教育也不是矛盾的两个朝向，高考只是给予我们一个掌控命运的机会，而越是一无所有的孩子，越需要这样一个机会，他可以通过努力学习、通过高考，去看到一个更宏阔的世界。所以最好能够想清楚自己需要什么，想要达成怎样的目标，然后向着目标坚定前进。

正视备考的"苦"，二是要专心。人的精力总是有限的，高中生活不妨暂时放下一些过于费时和费力的爱好，将自己的精力集中起来。但这并不意味着要完全放弃适当的娱乐，在繁忙的高中生活中适时给予自己一个放松的机会，不失为很好的调节。

二、平视排名的"变"

高中会经历无数场考试，得到无数个成绩，在这个过程中，放平心态显得尤为重要。

我的高中是从努力走出中考失利的阴影开始的。我平时成绩不错，但中考只考到了中游略偏上的水平。虽然按政策规定排名不得公开，但大家都心知肚明，老师手中的花名册，当然不是随机排序的。从一个颇受关注的优等生，到泯然于众人，我的内心不可能平静。让我备受伤害的一件事，发生在入学后不久。班主任认为书写对分数影响很大，于是让我们每一个人都买字帖，利用晚自习刚开始的时间,每天写三张。有一天晚上,我急于完成作业,就在上课前把字帖写完,然后把字帖摞在了书上。突然间又想起字帖中的一句诗很有意思,就又翻开了一下,然后重新放回去。不巧,这一幕被班主任看见了,并且她只看见了我翻动字帖的部分动作,然后她走向我,厉声说道:"你不想写就别写,没必要表演给我看。分数又不是给我的。"我想为自己辩解,却不知道该说什么。

现在看来,班主任不过是想教育一下一个看起来不怎么听话的学生,就像指出一个学生课堂上的小动作,这是她职责的一部分。我只需要大大方方地告诉她我写完了,并且展示给她看。但当时的我却没有这么做,我对老师严厉的声调和用语感到陌生和恐惧,在当时的我看来,她的话包含着很深的含义,那就是我不再拥有"好学生"那种可以被无条件信任的特权。

贯穿高中生活始终的,是频繁的考试和排名,成绩的起伏自然是常事。要正确看待这种"变"。一方面,成绩是当前一段时间学习成果的反馈,因此要从成绩中分析得失,为什么进步了,又为什么退步了。可以将长时段的成绩做成折线图,直观感受自己的变化,也可在错题本上总结自己的失分点,在下次考试前拿出来再过一遍,避免类似的错误。另一方面,考试中偶然因素很多,既不能被一时的好成绩冲昏头脑,也不能因一时的失利而一蹶不振,我们的最终目的是要在高考中避免发挥失常。

三、重视视野的"差"

我成长在一个小城市,英语教育很局限,却很实用,就像两块钱的硫磺皂。你不必学会如何交流,只要学会如何考试,换言之,英语只是一门学科,而不是一门语言。诡谲的是,今天的我能认识到这个差异,是因为曾经的我把"作为学科的英语"学得还不错。

我的英语作文写得不错,每次都能精准领会命题人的意图。曾经有一个题目,大致意思是你是一个英国留学生,你的朋友李华来你的学校参观,请写一份解说词介绍一下你的校园。全班只有我写出了符合英语老师要求的文章,即先总体介绍学校,再按行走路线介绍几个标志性地点。英语老师在课堂上着重强调"唯独"我写得好,这种级别的表扬在她的课堂上凤毛麟角。当然,我能够至今清晰地记得这件事情,不是因为她的表扬,而是因为一种冲击。英语老师说,我作文的唯一问题是,我假定的学校是"哈佛大学"。已经十七八岁的我根本不知道,哈佛大学其实在美国马萨诸塞州。而我之所以写哈佛大学,是因为在考场上的我绞尽脑汁,又灵光乍现,想起班里一位同学曾写下自己的目标院校"Harvard

University", 这是我唯一会写的外国高校的规范英文名称。在那一刻我感受到了一种冲击, 因为差距带来的冲击, 差距不是因为课堂上学到的知识, 不是因为努力的程度, 而是因为视野。我想, 多年之后的我依然能够对世界保持好奇, 依然期望看到更多、更大的世界, 可能正源自我曾经对这种"差距"的恐慌。有趣的是, 那位以哈佛为目标的同学, 最终去了英国留学。

在面对语文、英语、政治等主观性较强的学科时, 课堂上学到的知识仅仅是基础的。扩展自己的视野、跟上时代的节奏也是必要的, 一个丰富而全面的知识体系能够达到事半功倍的效果。首先, 可以多加关注时事新闻, "两耳不闻窗外事"早就无法适应当今高考的要求。在吃饭时、上下学路上听一些新闻, 既有利于增长见识, 也能适当放松心情。其次, 可以看一些社会评论类杂志, 如《三联生活周刊》《Vista看天下》《南方周末》等, 扩展看待问题的视角, 同时增强分析问题的能力。最后, 也可以通过书籍了解一些历史、人文知识, 在无形当中其可成为储备的财富。

四、俯视高考的"重"

我的高考如约而至。考试前夜, 所有的宽慰都不再起效, 我辗转反侧, 在内心痛骂自己心态不够稳定, 痛恨自己睡不着, 不能以最好的状态去面对人生中最重要的考试，然后变得越来越焦虑，越来越难以入睡。直到凌晨两三点钟，我才在模模糊糊中睡去。后来的多次实践证明，大考前夜的睡眠质量真的没有那么重要，考场上的紧张氛围自然会帮你摒除所有睡意，让你保持清醒的头脑。

因此，在面临诸如高考等人生的重要时刻时，不必强迫自己睡着，保持和平常相同的作息习惯即可。如果因为紧张睡不着，那就做自己想做的事情，累了就闭上眼睛躺在床上，构想一个任你操纵的虚幻世界。关键的一点是：不要去想明天会面对什么。

不去想明天会面对什么，因为未来永远是无法预测的，能够掌控的只有当下。高考如此，人生亦如是。

寻梦者，追光人

◇ 付佳玮

人是什么时候对"梦想"有所感知的呢？是儿时那个问你将来想要成为什么人的英语课堂？是那个笑眯眯的奶奶问你想考清华还是北大的瞬间？还是当你抬头于黑板、低头于题海，不禁叩问意义所在的刹那？

于我而言，是幼时妈妈告诉我她当年最向往却没能考上的名字——人大——的那一刻。

那一刻，我幼小的心中莫名地有了一棵火种，在一片蒙昧漆黑的长夜里窥见了灯塔，于是我走的每一步都叫作"进一步"，我的人生就有了方向。

灯塔长明，但暗夜难渡

这不是一个为梦想呕心沥血终成所愿的故事。至少在故事的前半段，你会看到一个踌躇满志却被反复击溃的阿甘。

在小镇的一所普通高中，我苦熬了三年。

那三年里，我的作息是早上 5 点起半夜 12 点睡，因为早自习 5 点 50 开始，晚自习 10 点半结束。

我的做题是麻痹而无序的，每天下午限时测验 1 小时、每周末校考、每月一大考，然后还有期中期末和联考。可怜巴巴放两天半的月假，除了睡觉就是睡觉。

如果人生有"滞胀"期的话，那我的高中三年就应该是了吧。很遗憾自己不是什么天纵奇才，无法像"理科紫微星"那般年年冒尖成为清北苗子，也不是"文科文曲星"可以博览纵横、以绝对实力冲锋亮剑。我发觉自己平平庸庸却无法甘心自己如此平庸，我像大多数人一样被时间和汗水的洪流推着走，却在每一个拥挤的隘口抬头、挣扎不休。

高考的结果与我的理想差距不小。复读吗？这是我人生中第一次做重大抉择。

"不要复读，熬过去，往前走。"这是我高中时十分感念的人，我的语文老师给我的回复。

后来的无数个日子里我都在庆幸这个决定，因为人生并不是做好准备了才能进入下个阶段，而是你进入了下个阶段，才会知道当初是什么还没准备好。

这是我在求学路上寻找到的第一则通关文牒，名叫"熬过去，往前走"。

抽穗拔节，梦想清晰可辨

回想起来，大学时候的自己在不知不觉中，笃定而又坚决地排除了人生中一个个错误选项，那些看似"够不着"的东西，都在勤勤恳恳的努力后，成为"可战胜"的东西。

和第一个阶段在困苦中摸索的灰暗底色不同，大学生活的自由度和容错率极高，你不必再在教导主任的目光下加快吃饭和行走的速度，因为没有任何早晚自习；你不必为任何考试夜夜失眠，因为一学期一次的多样化的考查让你能厘清重点、有的放矢；你不必呕心沥血全神贯注，也不必将标准答案奉为圭臬，因为教授讲师们更愿意教一个有想法的你、有创造力的你。这种自主规划、自我要求的生活，让一个高中阶段囿于牢狱般安排的 ENFJ 人狂喜。

于是我大致做了以下五件事，它让我有能力、不急躁、充分而自足地进入我梦想的下一站。

第一，以学期为单位切割自己的远景、中景和近景目标。每个目标囊括学习、工作、生活三个部分。在面对学习和工作交织的压力时，若必须"同步并行"则利用"番茄To Do"等工具，将时间分割成一个个高效专注的25分钟，随后短暂休息，既保证效率又避免了长时间专注带来的疲惫；若必须"合理放弃"则回溯自己的目标导向，权衡利弊，征询他人的意见后充分决定。

第二，尽早确定自己的专业爱好，它一定是你的择业基准或深造的方向。不少同学，尤其是小镇青年其实都有过这样的专业困境：高中时"两耳不闻窗外事"，考完后"专业只供大人选"，大学后"悔恨当初无所知"。若自己在高中阶段确乎没有"职业体验"的途径或者知悉"新兴发展型"产业的机会，那么大一一定要在保证扎实的专业学习的基础上叩问自己究竟"热爱什么"，尽可能寻求"转专业"的机会或者"细分方向"的可能，并将自己的职业选择和国家政策支持的方向尽量贴近。

第三，将自己的娱乐文化或体育运动生活发展起来！学累了给自己弹首曲子，emo时与同伴打场球赛，多巴胺的分泌会让自己迅速开朗！多掌握一门语言、多学一个舞种，与一切新兴的事物 say hi，这些愉快的瞬间会反哺你的主业、让你成为更加全面的"人"。

第四，懂得伸手要而不是等着别人给。高中阶段明晰的课程分布和一体化层级化的课业管理，会让一部分"适应者"认为"我能行"，而大学里不会有人主动为你规划安排，你需要不断"收容信息"，不断"获取菁华"，周围的人都可能成为你有力的帮手，懂得有礼貌地请求帮助是"社会化"的第一步。

第五，从单线的"做"变为多边的"做"，从"只做不说"变成团结一批人"边做边说"。当分数不再是唯一衡量标准的时候，你需要多方发展自己，比如志愿服务、学生工作、学术会议……虽一定会有分身乏术之时，但定要找到主线同时发展多边。此外，珍惜每一次小组合作和展示发言的机会，这是本领，也是才能，领导力和组织力是任何社会组织都需要的能力，将自己的成果充分展现出来是竞争环境下的重要手段。

就这样，在做好以上五点的基础上，我积累了我钟爱方向的学术研究经验和论文，最终考研到了专业评级 A+的人大文学院。

回望来路，我没有一天为自己的本科生活碌碌无为而悔恨，它教会我求学路上的第二则通关文牒叫"抬起头，大步走"。

山外有山，向上注定艰难

我永远记得自己拖着皮箱从人大东门口，向着求是石走过去的那天下午，那是"圆梦"一词的具象化，是"如愿以偿"最美妙的解答，虽然前路艰难险重，去路也辛酸苦多，但那一刻是记忆里永远闪闪发光的存在。

入学一周，"peer pressure"如潮水般轰然而至，大家术业有专攻，甚至有几篇著作傍身；爱好纷纭，一个班可原地成立一个文工团；任何话题永远有人侃侃而谈，而你愣在原地；任何场合永远有人热情参与，而你不知所措。是哪里出了问题呢？是我配不上人大吗？

人大的所有人至少都会有那么一刻，像这样问过自己。

大家都在追求卓越而身边又都是卓越的人。"山外青山楼外楼。"

当你不知道你要做什么的时候，先把眼下最该做的事情都做好。所以当时在保证绩点的前提下，我体验了不同种类的实习工作。最后，放平心态，做正确的事情而不做大家都做的事情。

对于我而言，最后的出路不敢说是最好的选择，但一定是当下最适合我的选择。在人大学习的寸寸光阴里，我所走的每一步，因为有了热爱，每次选择都笃定，每次放弃都执着。这是人大教会我的第三则通关文牒，叫"求事实，做真人"。

长路浩荡，方觉校训真淳

我的硕士毕业论文全部是在夜里写完的，在人大的后一年半里，我经历了疫情被封在校外、半年实习被鸽、毕业在即又毫无 offer 的三重困境。每一重困境都不是单单凭借我个人的努力能破解的，我所能做的，只有努力，然后把一切交给时间。

可当一切拨云见日的时候，也就真正要离开了，我在日记里写下："三年流连，疏漏了太多大好光景，还未来得及有归属感，还未能叫出宜园的那簇花，坐上立德的那把椅子，离别的行李已经贴好了封签，催促的脚步告知着再见无言。这场二十载求学之途，终于在人大，驶向了终点。"

还好，我守护了我的初衷，完满地走过了硕士三年。

还好，我走好了这段路途，从专业倒数到专业第一。

还好，我实现了我的愿望，从过去走向未来的生活。

"最后再看一眼我的大学，智者不问来路；最后走向我的人生，行者总有归途。"这是我硕士论文致谢里的最后一句话。

送给我自己，也送给正在阅读这个故事的你。

我们的前方,是四面八方

◇未 竞

南方梅雨季的午后,地铁像摇摆的潜水艇,载着乘客探寻前行的方向,对侧座位上几位短发齐耳的女高中生,捧着复习资料,匆忙抽背着政治知识点。窸窣的背诵声汇入列车过站的轰鸣,提醒我从高中出发已驶过数站路,那些旁逸斜出的期末雨季印象终汇成记忆的河,漫过十年的生活来路。

一、埋头做题,抬头看路

中考结束,我没有选择去省城,而是留在了皖北的县中,这似乎是"小镇做题家"千篇一律的开头,却是我独一无二的青春起笔。当时县中还有入学分班制,因为中考成绩靠前,我被分入当届综合师资评价最好的班级,但这个班的定位是高二选优参加中科大少年班考试,这也意味一开始文理选择上就倾向于理科,政史地科目只在晚自习授课。而初中就种下记者梦的我，怀揣朴素的理想主义，刚进班级就面对文理选择。班级整体课程进度快，而政史地课时又被压缩，我选择在完成理科作业后自学政史地。对于地理，我尤为感兴趣，而地理老师说必修一的第一单元天体运动是高中最难的知识点，我便暗自较劲——如果月考地理成绩优秀，就保留文科选择。

当时不及现在信息普及，对职业的向往、专业学习的选择带有纯粹而无畏的内驱力，这份动力支撑我用有限的时间，摸索适合自己的学习方法。幸运的是，我在一个"准理科班"中，自主学习文科科目，天然打通文理分流的边界，也在与热爱理科的同学交流中，看清自己的思维方式与共情能力更适应人文学科学习。于是，自学地理时我没有完全依循老师的授课逻辑，而选择跟物理、化学一样的学习思路，首先把握定理、举一反三，在理解自然地理底层逻辑的基础上，再记忆琐碎的地理空间知识点。相反在语文、英语学习时，我乐此不疲地摘抄好词好句、语法例句，在有限的阅读中尽力搜罗、总结完备的知识点，形成个人语库。数学学习时，我也重视整理课堂笔记和错题集，在整理的过程中触类旁通，吃透一类题型。最终，在首次月考里，我的文理科和综合排名均在前三，未到期中我便坚定地选择了转班，学习文科。

二、沿路崎岖，步履不停

笃定选择文科后，高一、高二的学习充满逐梦的信念感，更加深了我对学科本身的兴趣，考试也总拔得头筹。最难忘语文老师会在每周五上一节作文课，他的PPT海纳百川，从苏格拉底名言到新闻锐评，从老庄哲学到阿多尼斯的诗句，尽管一节课的时间很难呈现原典，但我总能为这些断圭碎璧所击中，心满意足地将其记录在摘抄本上待晨读时朗诵。如今，微信公众号一篇推送便可归纳数类主题的金句，但那时感悟在先、再信手拈来的语言锤炼，更能滋养完整、生动的作文表达。

然而，高考总归是一场应试，对基础知识的熟悉与掌握不能保证在那一场考试的稳定发挥。高三时，学校将文科前二十重新编入冲刺班，班级管理借鉴了衡水模式，加之高考改革，当年安徽从自主命题改为全国卷，诸多变化接踵而至，我需要重新适应一种集体冲刺的备考节奏。

高三伊始，我的成绩尚且稳定，但高频次的考试暴露出我做题速度慢和数学成绩不稳定的问题。答题慢反映出我对应试技巧的忽视，通过跟随老师系统研究高考各学科的题型和整理参考答案的套式，我掌握了快速答题的技巧，也形成了自己各科相对稳定的答题顺序和节奏，缓解了时间焦虑感。但数学的不稳定，被老师喻为我成绩的"木桶效应短板",更成为我高三后期的心病。对于数学,我并非学不懂难题,而是欠缺对题型举一反三的熟练度,考试时会钻牛角尖,捡了芝麻丢了西瓜。后来听从老师的建议,要心里有杆秤,清楚自己百分百的拿分题,有选择地安排答题顺序。但在高三冲刺环境下,"第一""清北苗子"和"木桶效应短板"的标签压得我总慌不择路,不知何时,"考第一"的念头已覆压在"上人大新闻系"的最初理想之上,最终在疲于应付一沓沓试卷中,丢失了自己学习的节奏,每日步履不停,实则原地徘徊。数学成绩的不稳定问题并未解决,连带总成绩的波动,甚至高考前测试时语文成绩也跌到低谷。

  高考前夜,紧张不安的我难以入眠,决定睡前翻看完自己整理的文言文字词注释,高考语文考试时竟真的遇见刚复习完的字词释义选项,无疑为那场考试注入强心剂。然而,下午的数学考试风云突变,我在平时十拿九稳的几何证明题上出现卡壳,虽然如今已记不清考试当天的天气,但对数学考试后半场直冒冷汗的体感仍记忆犹新。出考场时,遇到数学偏科的同桌冲上来抱住我说:"这次数学难度大,我做完了自己会的,跟大家差距会变小!"我已强忍眼泪,觉得考砸了人生最重要的考试。第二天的文综和英语,自己发挥得四平八稳,但对总成绩已无法力挽狂澜。最终,靠语文成绩填补数学一百零几分的大坑，总成绩也达到了985学校录取分数。

六月底安徽的梅雨季暴雨如注，雨打瓦楞声和着雷鸣，我独自查阅院校信息，纠结是否听取亲友意见选择时下热门的经管类专业，审视自己理想和现实的差距。但最终平静地听从本心，在所有志愿院校下均首选了人文学科专业，最终被东南大学人文学院录取。

三、揽月不达，或可摘星

东南大学人文学院大一新生接受通识教育，可以接触到多门人文社科专业，同时所有人都必修高数，本对数学畏惧的我，反而在大学高数学习时重新正视自己——原来自己的数理能力并不差，原来高考数学也不过是一场限时的知识检验。幸运的是，在前行时还有机会回望，在赶路与回望间、在观看与自省中扩展心理容量，更新自我认知，实现自我教育。在专业分流时，我坚定地听从朴素的理想主义的召唤，选择了汉语言文学专业。

有一种说法是"学中文的总有那么点理想主义"，而如何向理想靠近恰是我求学以来的必答题。高中时初步养成的自主学习习惯和学科贯通思维让我很快适应专业学习，热衷以问题为视镜观察自身与时代。兴趣带来更大的实践勇气，我学着做解决问题的人，去当观察生活的校园记者，自主组队开展社会调研，不知不觉间已靠近最初的目标。大四时，我获得了保研资格，顺利进入中国人民大学文学院攻读研究生。硕士学习期间，有更多机会将想法付诸实践，我主动申请了实习，在心仪的报社发表文章，去街头巷尾走访，去向远方的陌生人发问……我似乎已驶入梦寐以求的轨道，但最终求职选择时，审慎考虑诸多因素，选择了一条未曾设想的职业道路。做出选择后，我曾自我怀疑是否放弃了当初的理想，但如芒克的诗句，"我们朝前走，朝前不是一个方向，我们的前方是四面八方"，恰是最初的理想和过往的经历导向当下的我，接受文科十年教育后，将心比心、认真求真的追求也将会牵引我走向未来的生活。

  地铁到站，每一站都有数个出口。高中生们要结伴赶去下午的考试，我缓步穿过湿漉漉的地下廊道，步梯口天光明亮，还有段向上的路要走。